習慣決定命運

重複無效行為
注定停滯不前

我卡卡關不是巧合！戈卓十種讓人生停滯的習慣，罪魁禍首就是我也是

林與生 著

每天都在努力，卻總像在原地打轉？
不是你不夠好，是壞習慣在扯後腿

有些習慣，不痛不癢
卻慢慢把人困住，悄悄改寫著命運

目錄

- 前言 ………………………………………………… 005
- 第一章　人生高度取決於習慣 ……………………… 007
- 第二章　待人之道：擺脫以自我為中心的心態 …… 029
- 第三章　處世有方：讓人際互動更得人心 ………… 051
- 第四章　心態養成：別讓消極拖垮你 ……………… 075
- 第五章　立即行動：跨出成功的第一步 …………… 093
- 第六章　職場習慣：攜手合作才能共贏 …………… 113
- 第七章　說話藝術：說對話，避開人際陷阱 ……… 141
- 第八章　性格力量：影響命運的內在關鍵 ………… 161
- 第九章　思考模式：用對方法，事半功倍 ………… 177
- 第十章　學習不輟：用知識翻轉人生 ……………… 197

目錄

前言

習慣如影隨形，無論是在工作、生活還是思考方式中，無處不在地影響著我們。許多人的人生無法突破瓶頸，並不是因為缺乏天賦或努力，而是被一些看不見的壞習慣困住了。這些習慣如同無形的圍牆，隔開了他們與成功之間的通道。

如果說命運是條漫長的路，那麼習慣就是我們腳下不斷重複踩出的方向。能否走得穩、走得遠，全看你習慣的力量朝向哪邊。對成功者而言，好習慣是他們背後默默推動的力量；而對失敗者來說，壞習慣卻成了絆腳石，一再讓他們錯失良機。

行爲養成習慣，習慣決定成敗

懶散並不是人的天性，而是一種重複而成的習慣。相反的，勤奮的人也不一定天生自律，而是透過日復一日的堅持，讓積極變成自然反應。成功人士未必智力過人，但他們養成閱讀、規劃、自我管理的習慣，讓自己在每一次選擇中更有準備、更具效率，也更有條理地面對挑戰。

壞習慣可能來自疏忽、逃避或短視近利，卻會悄悄改變我們的判斷與行動方式。好習慣則像根基穩固的地基，讓人能在風雨中站穩腳步。兩者的差異，往往在於是否願意持續改變與

前言

自我修正。

　　每個人都擁有強項與弱點,而真正能影響未來的,是我們是否改善自己的壞習慣。這不會一蹴可幾,而是靠毅力、恆心與自我提醒,一點一滴去完成的歷程。當我們開始在意自己的行為,並努力調整方向時,改變也就在悄悄發生。期盼透過這本書的陪伴,你能看見自己可以變得更好,而這一切,從習慣開始。

第一章
人生高度取決於習慣

　　壞習慣常常在不知不覺中，成為他人輕視與忽略的根源，也讓我們在人際關係與工作推進上屢屢受阻，最終難以達成心中渴望的目標。相反地，良好的習慣如同一種無形的資產，不僅讓我們贏得尊重與信任，也能提升行動效率，使我們在追求夢想的路上更加順利，離人生理想越來越近。

第一章　人生高度取決於習慣

從小習慣收穫成果

在一場學者的聚會上，一位記者提問：「請問，您認為自己最重要的學習經驗來自哪間大學或實驗室？」一位滿頭銀髮的老教授立刻回答：「對我而言，真正重要的不是在大學學到的知識，而是在幼兒園學到的習慣。」

這樣的回答讓在場的人都感到訝異。當記者再問他究竟學到些什麼時，老教授微笑說：「把東西分享給別人；不拿不屬於自己的東西；收拾整齊；吃飯前洗手；飯後小歇；做錯事要誠實承認；要觀察、要思考。這些看似簡單的行為，卻奠定了我一生的秩序與原則。」

在場的學者們聽完紛紛點頭，表示認同。的確，成功往往不是來自天才的靈光一閃，而是由無數次正確選擇和重複行為構成的。良好的習慣，是人生前進的穩定節奏，更是走向高峰的階梯。

以思考為習慣，讓成功不斷複製

發明大王愛迪生一生共完成超過千項專利，影響人類生活無數。他曾說，自己最大的成功並非源於天賦，而是來自長期培養「愛思考」的習慣。他相信，大腦可以像肌肉一樣透過鍛鍊變得更強，思考方式也能被開發得更深更廣。

愛迪生認為，沒有思考習慣的人，容易錯失人生中最珍貴的成長。他的例子證明：成功者的共通點，往往不在才華，而在日常中的自我訓練與紀律。他們靠著每日的專注與反覆練習，讓自己變得更成熟、更有效率，也更能掌握機會。

　　良好習慣是存在人神經系統中的「道德資產」，可以日積月累，長年受益。習慣的力量巨大到足以主宰人的一生，幫助人們在混亂中保持冷靜，在選擇中堅定方向。

　　好習慣是逆境中的依靠，也是希望的種子。臨時的努力雖重要，但長期的習慣才是造就成功的根本，只要這些內化的習慣存在，就算人生一度跌落谷底，也能再次站起來。

　　一位作家曾說，即使把他丟到沙漠中，只要時間與機會，他依然能東山再起。因為他擁有的不只是資源，而是被反覆雕塑出來的習慣與性格，這些才是永遠無法奪走的資本。

成功，是習慣長出的果實

　　習慣看似微小，卻是命運的隱形推手。每一個能夠堅持的行動、每一個選擇努力的時刻，都是播下成功種子的瞬間。別再為一時的失敗沮喪，也不必羨慕他人的成果。從此刻起，培養一個屬於你的好習慣，時間會在未來的某天，悄悄把你帶向想要的高峰。成功，不是靠運氣，而是你每天灌溉的那一顆種子，終將開花結果。

第一章　人生高度取決於習慣

挑戰極限，只因無法放手夢想

　　艾琳從小就愛拉小提琴，音符對她來說不是技巧的練習，而是心跳的延續。然而命運對她格外苛刻，小小年紀便被診斷出罹患癲癇，終身與藥物為伍。即便服藥壓制發作，她的病情仍逐年惡化。醫師最終建議，她必須接受一項高風險手術，切除控制大腦部分功能的區域，來換取穩定生活。

　　這對艾琳而言無異於重擊。然而，面對身體的苦痛，她必須做選擇。她選擇接受手術，但心裡卻沒有放棄她的琴。奇妙的是，在術後，她的演奏能力竟未受影響。醫師驚訝她的技巧與樂感依然如舊，甚至更添深度。他們發現，她的大腦早已悄悄替自己找出補償的方法，把原本可能損傷的能力轉移至其他區域。

　　這份奇蹟的背後，不是醫療的偶然，而是她多年來緊握琴弓不放的堅持。即使身體不斷崩解，她從未動搖內心的信念。因為她深知，失去了小提琴，她將不再完整。

人生的困境，往往正是信念的試煉

　　有些人是在舞臺上綻放光芒，有些人則在生活最深處默默掙扎。凱薩琳曾一度擁有夢想中的生活，她從年輕時便熱愛創作，畢業後到海外任教，並在那裡組成家庭。原以為未來將如

童話般展開，沒想到婚姻卻迅速變調，遭遇暴力與背叛。帶著剛出生的女兒，她匆匆回到故鄉，投靠社會救助，住進陰暗又潮溼的小公寓裡。

那段日子裡，生活毫無餘裕，凱薩琳連電費都必須斤斤計較。但她從不曾停止寫作。她知道，雖然現實困頓，她仍擁有自己最純粹的熱情。她帶著紙筆走進咖啡館，一坐就是一整天。她寫故事，也寫希望，把自己的理想一筆一劃織進文字裡。

故事完成的那天，她仍然住在簡陋的房間裡，沒有財富，也沒有名聲，只有一疊滿滿的手稿。但她從不懷疑，自己正走在該走的路上。果然，她的故事終於被看見，不只是出版，更成為一代經典。凱薩琳不是一夕成名，而是在黑夜裡用信念撐起自己，等到了那道屬於她的晨光。

不管起點多低，只要不放棄信念，路就會延伸

小傑是個身材矮小的孩子，熱愛籃球卻總被人嘲笑。他在球場上從來不是焦點，因為沒有人相信他能對抗那些高大的對手。但小傑沒有因此退縮，他把每一次輕視當成動力，不厭其煩地練習運球、投籃、傳球。他明白，自己雖然身高受限，但反應快、腳步靈活，他要讓這些成為自己的優勢。

經過多年努力，小傑終於進入職業聯盟，成為所有人眼中不可能出現的球員。他沒有高大的身形，卻擁有無可取代的實

力。他奔跑如風，球技純熟，無數比賽中帶領球隊取勝。他的存在，不只是籃球場上的奇蹟，更是一種證明——信念可以讓一個不被看好的人創造屬於自己的舞臺。

小傑知道，環境無法決定他能做到什麼，真正主導人生的，是他始終堅持不懈的心。他從未放棄，相信總有一天，會有人看到他的努力。而他也真的做到了。

信念是走不下去時仍然願意前行的理由

生命總會有低谷、混亂與絕望的時候，我們或許無法改變外在情境，但我們可以選擇守住內心的信念。信念不是虛幻的夢想，而是穿越困境的動力，是撐起明天希望的支點。

當你覺得走不下去時，請記得，你並不是沒有能力，而是還沒看見成果。只要信念還在，哪怕現在孤獨、貧困、無望，都還有重新出發的可能。每一個願意撐過去的人，最終都會擁有一個不一樣的未來。別懷疑，只要信念不倒，人生的路就會延伸。

習慣，是人生的隱形導演

有位老師在國小任教多年，對課堂掌控一絲不苟。他相信秩序帶來學習效果，因此每堂課都有固定的節奏與方式。學生

必須依照他的指示舉手、發言、寫筆記，連練習題的寫法都有統一格式。他教導的學生成績普遍不錯，班級氣氛看似安穩。

直到某年，他接手一位插班生，名叫艾宸。艾宸思路跳躍、問問題的方式總是出乎意料，甚至會在黑板上寫出另一種解法。他的作業格式總與眾不同，但答案卻往往正確無比。

老師一開始試著糾正他，提醒他「照規矩來比較好」。然而艾宸依然我行我素。慢慢地，老師開始觀察這孩子的表現，發現他對問題的理解超乎一般同齡人，而且經常能提出老師未曾思考過的觀點。

這讓老師開始懷疑：自己過去堅守的「教學模式」，是否也有可能束縛了學生的思考？他突然意識到，那些被他糾正過的孩子，可能也曾想過不一樣的答案，卻在一次次被導正中，學會了閉嘴與順從。

一成不變的教學方式，讓老師忽略了最根本的目的——啟發，而不是控制。他過去的習慣，也許沒錯，但從未想過這是否還適合每一個學生。

做久了的事情不一定就是對的，當習慣變成慣性，我們就會停止思考，甚至抗拒改變。那些我們以為的「正確方法」，有時只是我們懶得重新學習的藉口。

第一章　人生高度取決於習慣

重複不代表努力，盲目才是真正的錯誤

有位青農名叫志恒，年輕時繼承家族田地，按部就班種植作物，使用父親留下的農法與時程。他深信這是多年累積的經驗，沒有必要調整。

然而，連續幾年的收成都不如預期。氣候變遷讓土壤保水性下降，病蟲害也和過往不同。其他年輕農民開始嘗試新的灌溉技術與病害防治法，甚至轉作不同作物，但志恒始終不改做法。

「祖先這樣種三十年了，怎麼可能會錯？」他堅持著。

直到某年，他的田一夕之間全被病菌侵襲，損失慘重。志恒才不得不向他原先嗤之以鼻的鄰居求助。對方的田地雖也受到波及，但因為提早採取新法預防，損失極低。

志恒這才醒悟，原來他的問題不是缺乏勤勞，而是太過依賴舊習不願調整。那些他自認為是「傳承」的做法，早已不適用於變遷的環境。而他以為的堅持，其實只是對未知的逃避。

努力若沒有正確方向，就只是在原地打轉。很多人不是輸在不夠拚命，而是習慣用一樣的方法處理所有問題，最後困在自己設下的圈圈裡。

習慣本該幫助你，不該替你做決定

　　生活中，有些人總是時間緊湊卻一事無成，有些人則井然有序卻停滯不前。他們共同的困境，不在於缺乏能力，而是被習慣牽著走。當你每天做著相同的事，說著一樣的話，甚至連思考的模式都沒變，別以為那是成熟，其實只是你懶得懷疑。

　　我們習慣快速滑手機來填補空白，習慣拒絕改變來維持安全感，習慣依賴過去的成功經驗來迴避不確定的挑戰。這些無形的慣性，看似穩定，實則正在消耗你應對未來的能力。

　　有些人以為堅持原則就是堅強，實際上，他們只是害怕嘗試新方法。真正成熟的心態，是能在關鍵時刻喊停，重新審視自己熟悉的一切，並勇敢調整方向。

養成習慣，也別讓它養成你

　　習慣不是錯，它是我們建立效率的方式。但一旦我們太過依賴，就會在不知不覺中被綁住。它可以讓你少走彎路，也可能讓你走不出圈套。

　　當你感覺人生卡住，別急著怪環境，先問問自己：是不是一直在重複相同的行為，卻期待不同的結果？

　　與其做慣性中的受困者，不如做選擇習慣的主導者。真正的自由，不是脫離規律，而是在規律中保持彈性，在熟悉裡保

有覺察，在堅持中懂得轉彎。唯有如此，習慣才會是你向前的推手，而不是停滯的藉口。

習慣為翼，努力為路

費南是一位退休教授，過去在學術領域表現優異，退休後卻選擇回到他最初的熱愛 ── 小提琴。他開始在社區表演，不為名聲，只為把音樂的美分享給更多人。當有人驚訝於他高齡仍能拉出動人旋律時，他只是輕描淡寫地說：「我不過是每天固定練一點，慢慢累積而已。」

其實費南的練習方式並不複雜。他不會一次試著拉完整首曲子，而是拆解成幾十個小段，挑最簡單的開始，然後逐步擴展。越熟練，他越能理解音符之間的邏輯關係，甚至能找出新的表現方法。這種方法讓他不感壓力，反而越練越有成就感。

這並不是什麼驚天的祕訣，而是他多年以來所培養的一個習慣 ── 把難事拆成小步驟，一步一步走過去。這種習慣讓他無論面對哪種挑戰，都能保持信心與節奏。他從來不是靠天賦取勝，而是靠日積月累練出的韌性。

每當外界讚嘆他的能力時，他只回以一笑，因為他知道，那些看似優雅的成果，全是由平凡日子裡，一次又一次的勤奮練習堆疊出來的。

從專注中走遠，比從焦躁中衝刺更重要

職場上也有許多像費南一樣默默耕耘的人。他們不是最聰明的，但總是願意比別人多做一步、多想一層。他們不需要別人監督，也不會因為沒人鼓勵就停下腳步。因為他們知道，真正的機會往往藏在那些別人忽略的小細節裡。

凱文是一名普通員工，沒有顯赫學歷，也沒什麼人脈。他剛進公司時，沒人特別注意他。但他從不怨天尤人，也不拿條件當藉口。他把每一份報告都當作是自己的作品，哪怕只是分內工作，也會試圖做得更快、更精準。

時間久了，主管開始發現，只要交給凱文處理的案子，不但不需要修改，還經常有意外的加分。他從基層默默升上主管，靠的不是幸運，而是長期養成的好習慣——把事情做到最好，而不是僅僅完成。

與此相對的是另一種人。他們每天埋怨環境、批評制度，卻從不調整自己。他們做事只求過關，遇事先問「為什麼是我」，而不是「我能做什麼」。久而久之，這種消極的習慣讓他們的視野越來越狹窄，也讓他們的成長陷入停滯。

不是能力不夠，而是習慣沒有調整。一個人若總是想著怎麼省力，那麼他也就不會有機會磨練自己的實力。

第一章　人生高度取決於習慣

讓習慣引導你，走出一條穩健的成功之路

我們無法預測未來會遇到什麼樣的挑戰，但我們能決定每天以什麼樣的態度來面對。選擇建立好的習慣，就像為人生裝上穩定的導航，讓你在迷霧中也能不偏航、不慌亂。

成功不是靠一次的爆發，也不是某個瞬間的靈感，而是來自於每天一點一滴的累積。你是否願意早一點起床，願意多看一頁書，願意在別人放棄時再堅持一下，這些看似微不足道的選擇，終將匯聚成你與他人之間的差距。

讓勤奮變成自然的動作，讓專注變成內建的態度。當別人還在觀望時，你已經默默走了一段路；當他人開始羨慕時，你已經站在了新的高度。成功不是因為天分，而是因為你用習慣替自己架了一對可以飛得更高的翅膀。

微小的惡習，正在慢慢拖垮你的人生

俊偉在一間科技公司工作，學歷不錯、能力也不差，但總覺得自己懷才不遇。每次加薪、升遷名單一公布，他不是酸言酸語，就是悶悶不樂。久而久之，他開始變得消極，每天遲到早退、心不在焉，連簡單的報告都出錯。辦公室裡原本與他熟絡的同事，也開始遠離他，主管對他的評價越來越差。

他總抱怨公司不賞識他，卻從不反省自己的工作態度出了什麼問題。當機會出現時，他不是沒被考慮，而是沒有人願意為他說話。他以為世界對他不公，其實真正的問題，是他養成了逃避與埋怨的壞習慣，把自己的成長空間一點一滴掏空。

　　在不如意的環境中，有些人選擇進取，有些人選擇抱怨。真正能扭轉局面的，不是環境的改變，而是內在習慣的修正。那些選擇認真做事、不斷精進的人，終究會被看見。而像俊偉這樣，被自己的負面習慣困住的人，哪怕換了地方，依然難以出頭。

　　成功不只是能力的比拚，更是習慣的選擇。有些人，輸在壞習慣早已滲入生活的各個角落，讓他們錯過一次次翻轉的契機。

無害的小動作，成了致命的裂縫

　　嘉芸是一位資深行銷企劃，創意豐富，提案能力強，是部門裡人人敬重的前輩。然而她有個老是改不掉的習慣——拖延。每次交案，她都要到最後一刻才匆匆完成，壓力大、心浮氣躁，經常錯誤百出。

　　主管曾私下提醒她，希望她提早安排時程，但嘉芸總說：「我需要壓力才會有靈感。」漸漸地，團隊內部開始出現問題，其他人無法配合她的進度，許多企劃因為延誤而錯失合作機會。一次重要提案因她延遲繳交簡報而當場被撤案，公司因此損失重大。

沒多久，嘉芸就被調離原本的專案組。她才驚覺，自己習以為常的拖延，已讓原本順遂的職涯陷入瓶頸。

許多壞習慣看起來沒什麼大不了，但它們像一滴滴的水，日積月累地侵蝕我們的信任與價值。準時、穩定、負責任，這些習慣聽來平凡，卻是職場信譽的根本。一個人即便能力再強，若養成了損害團隊效率的習慣，也難以長久被倚重。

生活中也不乏類似的狀況。小豪騎車上班時總嫌繞路麻煩，為了節省五分鐘時間，他選擇直接穿越不設紅綠燈的交叉口。剛開始他還有些緊張，幾次後便毫無警覺。有一天，一臺轉彎的貨車沒來得及反應，直接將他撞倒在地，肋骨斷了三根。

這不是意外，而是習慣累積的必然結果。習慣會讓你在不知不覺中，對風險麻痺，對錯誤熟悉，對後果遲鈍。很多悲劇，都是「也不過是這樣啦」開始的。

別讓壞習慣變成你人生的預設模式

每個人身上或多或少都存在著壞習慣，有些是拖延，有些是散漫，有些是逃避或敷衍，它們潛藏得很深，卻持續削弱我們的行動力與信任感。一開始只是拖延幾分鐘，後來變成無法信守時間；一開始只是懶得改進，後來就變成毫無長進。

成功，不只看你的夢想有多大，更看你是否願意改掉那些看似「不打緊」的小毛病。別再用「我就是這樣的人」為壞習慣

辯解，它們正在悄悄成為你通往成功路上的絆腳石。

你可以從現在開始修正，無需大動作，從提早五分鐘出門、不再臨時抱佛腳、不再推卸責任開始。真正能拉你一把的，從來不是運氣，而是你自己為自己養成的好習慣。

請記住：那些你習慣放過的小疏失，有一天可能會毀掉你整個人生。不要讓壞習慣，成為你看不見卻致命的失速點。選擇修正的那一刻，就是重新掌握人生的開始。

打破習慣的圍牆

高職設計科的學生岳昕，從小就是照表操課的乖孩子。功課怎麼安排、時間怎麼分配，他一律聽從老師與家長的建議。升學、補習、比賽，他樣樣不缺，生活井然有序，毫無波瀾。

進入設計科後，他首次接觸到沒有標準答案的學習方式，必須構思獨特的作品、自行規劃流程與呈現方式。一開始，岳昕仍照著過去的「SOP」去執行：找好範例、對照步驟、重複操作。但老師對他的作品始終不太滿意，說他的設計缺乏靈魂。

他心想：「我按照老師以往教的方式來做，為什麼還是錯？」直到某次作業要求設計一款「未來的書桌」，他又習慣性地去網路找了參考圖，再依照熟悉的模式完成設計。結果老師當眾點評：「這是複製，不是創造。」

第一章　人生高度取決於習慣

那一刻，他才開始反思：自己是不是一直活在「別人教我怎麼做」的邏輯裡，從未真正問過自己：「我想怎麼做？」原來他所謂的「聰明做法」，只是習慣使然。當面對需要自我定義方向的挑戰時，他反而變得無所適從。

我們經常將習慣視為效率的工具，卻忘了，它同時也可能是思想的牢籠。很多時候，我們不是無法突破，而是從未懷疑過自己是否該突破。

先入為主的眼光，遮蔽了真實

佳恩是行銷公司的一名企劃，在團隊中以「反應快、判斷準」聞名。只要一位新進同事報到，她總能在第一週內「歸類」對方的個性與能力，並迅速決定要不要與對方合作密切。

某次，公司來了一位新同事，名叫宜庭。她做事安靜、不愛社交，常常獨來獨往。佳恩認為這種人八成「沒什麼戰鬥力」，於是從不主動搭話，也沒有將重要任務分配給她。

直到一場緊急簡報，原本負責的設計同仁突然生病，團隊亂成一團。宜庭默默接手設計工作，一個人在半夜完成了簡報視覺與細節，第二天的提案成功逆轉局面。整個團隊驚訝不已，而佳恩更是語塞。

她發現自己對宜庭的評價，全建立在最初的印象與過往經驗上，而不是基於真實接觸。原來，她一直被自己「一眼看穿別

人」的習慣所欺騙。

有些人總說自己有「直覺」，但那往往只是習慣性的判斷方式在作祟。我們以為自己是在用經驗看人，其實只是懶得花時間去理解。這樣的習慣不只會讓我們錯過他人的價值，也會讓我們錯估局勢、做出誤判。

真正的了解，從來不是在第一眼，而是在願意重新看一次、再深入了解的那一刻才開始。

清醒地拆解習慣，你才能活得更自由

我們從小被訓練要有效率、要守規則、要做出選擇。但沒有人教過我們，什麼時候該停下來了解自己的慣性。

當習慣變成無意識的行動時，它也可能悄悄偷走你的主動選擇權。那種「反射式的想法」和「自動化的判斷」，正是你錯過機會、誤判人心、限制成長的根源。

不是所有的「第一印象」都是真相，也不是每一個「我一向都這樣」都值得保留。生活中真正困住我們的，不是限制，而是我們甘願順從過去的習慣，不願再重新思考一次。

勇敢質疑自己熟悉的反應與判斷，不是懷疑人生，而是為了重獲選擇的主權。只有從「習慣讓我這樣做」轉變為「我選擇這樣做」，你才算真正掌握了人生的方向盤。

第一章　人生高度取決於習慣

讓壞習慣無所遁形

壞習慣不一定是惡意的，它可能只是你一再忽略的小選擇。但這些選擇累積起來，就會慢慢改變別人對你的看法，也影響你能否真正發揮實力。

改變不靠衝動，而是靠有策略的行動

琪芳是個很難早起的人，鬧鐘總是按掉再睡，結果經常趕不上通勤的公車，也因為遲到而影響了工作表現。她曾試過一次性設定五個鬧鐘、請朋友打電話叫醒她，但都只是短期奏效，隔幾天又打回原形。

直到某天她換了策略。她沒有直接與賴床的習慣硬碰硬，而是先從調整作息下手──晚上提前半小時關掉螢幕，改為閱讀幾頁紙本書，減少藍光刺激。她也為自己設定了「起床即出門」的小任務：只要一醒來就去樓下便利商店買早餐。

一開始這個「早起任務」仍充滿掙扎，但一週過去，她竟開始期待那段清晨的散步。兩週後，她發現自己不需要鬧鐘也能自然醒來。她不是硬強迫自己起床，而是透過一連串的小變化，慢慢引導身體建立新節奏。

改變壞習慣，不能靠一時衝動，而要靠一套能逐步取代舊模式的機制。當好習慣開始穩固地占據生活節奏，舊的慣性也

就自然被取代了。

人們往往高估自己意志力能改變一切，卻忽略了壞習慣是經年累月、默默扎根的結果。與其靠意志苦撐，不如設計出一條有可能成功的替代路徑，讓好習慣一點一滴滲入生活中，從內而外改變你。

真正的自由，是選擇掌控自己

壞習慣不是錯誤的標籤，而是我們長期忽略的小缺口。它們像是鞋底的小石子，一開始不痛不癢，但走久了卻讓你寸步難行。要改變它們，不必一次改變整個人生，只要從日常裡選擇一個能開始的點，逐步建立新的節奏。

當你能成功改掉一個小壞習慣，你就等於為自己打開了一道門。每一次的修正，都是你對未來下的一次投資。你會越來越熟練於辨識自己的盲點，也會越來越相信自己有能力掌握行為與選擇。

我們不是要成為完美的人，而是要成為一個不再被壞習慣牽著走的人。唯有如此，你才能從「慣性反應的人」變成「有選擇的人」，從而活出真正屬於自己的節奏與目標。當你願意對壞習慣說再見，也就等於對更好的自己說出歡迎。

第一章　人生高度取決於習慣

從一個小改變開始，養成推動自己的力量

　　文甯在出版社擔任編輯，每天的工作看似規律，其實混亂無章。她總覺得自己忙得喘不過氣，但回顧一天下來，總覺得「什麼也沒完成」。她的桌面堆滿稿件，待辦清單越寫越長，心情也變得越來越煩躁。

　　某天，她在深夜寫編輯報告時，錯過了截稿時間，導致整個出版時程延後。主管並沒有責備她，只是提醒她：「妳不是不努力，而是習慣在最後一刻衝刺，這會拖垮妳自己，也會拖垮團隊。」

　　文甯一開始覺得委屈，但後來仔細回想，她的確一直用錯誤的方式在努力。她試著每天只改一件事——一早先做最不想面對的任務。第一天，她拖延了一個小時；第二天，她提前半小時處理完稿件；第三天，她竟然開始期待這段無干擾的清晨時光。

　　一個月後，她開始自動規劃優先事項，工作效率大幅提升，心情也變得穩定。她才真正明白，不是時間不夠，而是壞習慣把時間耗掉了。她花了幾週養成一個新習慣，卻因此扭轉了長期的疲累感。

　　這讓她明白，好的習慣其實不是華麗的改變，而是日常中的小調整。從行為出發、持續累積，才能真正帶來改變。

習慣不是偶然，它是一種刻意培養的能力

皓宇是健身房的教練，他看過太多人年初立下運動目標，過不了一個月就放棄。每當學員問他：「我要怎樣才能持之以恆？」他從來不談「意志力」，而是引導對方從建立簡單的行為開始。

他分享過一個個案：一位中年上班族原本無法持續運動，後來只做了一件事──每天晚上準備好隔天要穿的運動服，放在床邊。這件小事雖然看似與健身無關，卻成為他每天早晨起身時的提醒，間接強化了運動的行動力。

習慣的形成，往往不是靠毅力，而是透過可執行的小步驟、重複的正向回饋與適度的外在提醒。不管是晨跑、閱讀、早睡、控制情緒，這些習慣的本質都是「一點一點地做，直到不假思索地做」。

從內而外的改變，不只來自意圖，更要靠行動的協助。真正有效的好習慣，來自你能否讓它進入生活，而不是只存在腦海中。

我們常誤以為，改變習慣就像拔除雜草，只要一次清理就能永絕後患；但其實養成習慣更像種花，你需要不斷澆水、修剪、曬太陽，才能看到結果。每一次重複的行為，都是一次替未來的自己種下的力量。

第一章　人生高度取決於習慣

讓好習慣主導你的人生節奏

習慣是我們每天不假思索卻影響深遠的選擇。它們像潛藏在生活中的自動導航系統，帶我們前進，也可能讓我們偏離方向。如果你不主動選擇你想培養的習慣，生活就會被舊有模式拖著走。

從自律飲食、有效管理時間、提升溝通方式，到每晚早睡一小時，每個微小的習慣都是未來版本的你最忠實的投資。不要急著追求劇烈改變，而是從一個看似微不足道的行動開始。當你開始累積第一個成功的改變，你會發現其他的改變也變得容易許多。

請記得，好習慣不是限制，而是你通往自由的橋梁。它讓你不必天天掙扎選擇，而是自動走在對的方向上。當你願意去養成那些有益的行為，你也正在慢慢成為自己理想中的樣子。那時的你，不是靠意志力硬撐，而是靠習慣在推動你前行。這才是最安穩也最強大的成長之道。

第二章
待人之道：
擺脫以自我為中心的心態

　　無論是做事還是看待問題，許多人總是習慣以自我為出發點，凡事首先考慮自己能否獲得回報，卻很少設身處地為他人著想。當困難或衝突出現時，他們往往急著指責他人，卻從不反思自身是否也有責任。這樣的思考方式與行為，就像無形的枷鎖一樣，把我們困在狹窄的框架中，不僅讓人際關係變得緊張，也讓人生的道路處處受限、寸步難行。若我們希望在這個社會中站穩腳步、獲得真正的成長，就必須培養自我審視的能力，學會從內在調整，才能打破習慣的束縛，邁向更寬廣的未來。

點燃善意，也照亮自己的人生

一場突如其來的停電，導致所有街區陷入一片黑暗。居民們紛紛關起門窗，不願走出屋外，擔心治安與混亂。就在大家各自困在陰影中，抱怨著不便時，住在轉角的簡媽媽點燃了家中儲備的露營燈，並開放車庫當臨時庇護所，讓家中沒有應急電源的鄰居可以進來取暖與充電。

一開始，有人懷疑她的動機，甚至擔心她會藉機炫耀。但當有人將煮好的熱湯送到她門口表示感謝時，氣氛悄悄改變了。更多人加入提供行動電源、毯子、熱茶、玩具給孩子。原本互不熟悉的住戶，竟在這次黑暗中建立起彼此間的信任與溫度。

而就在電力恢復時，有人提議將這份臨時組織轉型為「社區互助網」，簡媽媽被大家推舉為第一任召集人。她笑著說：「我只是點亮了一盞燈，沒想到這盞燈也照亮了我自己的生活。」

許多時候，我們以為幫助別人會讓自己吃虧，卻沒發現，願意先踏出一步的人，常常也是最快得到溫暖回應的人。善意不需要宏偉的舞臺，只要你願意在混亂中成為那個點燈的人，世界就會因你而亮起一角。

給予不是損失，而是另一種收穫

　　文輝是一位地方農夫，多年來都專心研究無毒栽培。他的農產品品質穩定，但名氣始終不高。有一年，他主動邀請幾位農會裡的新進青年到自己農場參觀，毫無保留地分享了改良技術與病蟲害防治的方法，甚至主動提供部分種苗與土壤資訊給他們試驗。

　　有人勸他保守一點，說年輕人學會了就會變成競爭者。但文輝總是淡淡地說：「我們不是搶生意，而是要一起把這塊土地種得更好。」

　　沒想到兩年後，這些青年農民在外縣市開創新品牌，為地方農產帶來巨大關注，反過來也讓文輝被媒體報導為「綠色農業先行者」。來自各地的採購單蜂擁而至，讓他忙得不可開交，連續三年都被選為農會示範戶。

　　他的成功不是靠守著一個人的祕方，而是因為他願意將資源擴散出去，讓整個環境一起進步。正因為別人也好，他才有機會變得更好。

　　人生就像一塊田，自己顧得再好，周圍荒蕪也會影響收成。只有當周遭也茁壯時，你的努力才能更有價值。

031

第二章　待人之道：擺脫以自我為中心的心態

願意給的人，才能迎來最大的回饋

冷漠與自私從來都不是能力不足的結果，而是一種心態上的選擇。當我們總是計較自己的得失、害怕別人占便宜，我們也同時切斷了與他人之間的連結。而當我們願意釋出善意、貢獻所長，不只是幫助他人度過難關，更是為自己打開了更廣的天地。

真正的力量不是壓倒別人，而是拉別人一把。你所點亮的每一盞燈，最終都會反射在你自己的路上。那些在人生困境中依然選擇分享、付出的人，不但活得坦然，也更容易遇見理解與溫暖。

當你願意主動給出幫助，你會發現世界其實並不冷淡，而是許多人都在等待第一個點頭微笑的你。這份行動，不只溫暖了他人，也讓你的人生少了許多孤單與苦澀。從今天起，和冷漠說再見，讓善良成為你最真實的習慣。

從他人身上看見靈感

在一家設計學院裡，有一名學生名叫沛慈，平時默默無聞、低調內斂。她並不是班上最耀眼的那位，也不是每次作業都能拿到最高分的那種人。每當作品一發表，她總是在最後幾排靜靜聽講，眼神卻總流露出一絲複雜的情緒。

從他人身上看見靈感

　　她的同班同學靜婕，外向大方，每次作業幾乎都能拿高分，老師時常在課堂上以她為範例講評。久而久之，沛慈漸漸對靜婕產生了一種微妙的排斥感，不是因為討厭，而是因為無法放過自己那種「為什麼不是我」的聲音。

　　有一回期末展覽，學校邀請業界設計師擔任評審，每位學生都要發表自己的設計概念。沛慈原本信心滿滿地準備了幾個月，但當她看見靜婕的作品架構完整、表現搶眼，瞬間失了氣勢，整場發表講得磕磕絆絆。她明明也努力準備，卻因為過度比較，反而壓垮了自己的節奏。

　　展覽結束後，指導老師私下找她談話，問她：「妳是否太在意其他人的表現，而忘了自己的初衷是什麼？」這句話讓她沉思了很久。當晚她看著靜婕的作品，不再挑剔，而是開始思考對方在色彩上的選擇、細節處理的方式、空間運用的邏輯。那一刻，她第一次不帶嫉妒地欣賞別人的優點，也真正看見了自己的不足。

　　隔年，沛慈選擇主修空間設計，開始踏出自己的節奏。她不再急於與人爭高低，而是把每次與人互動、每個觀察到的設計亮點，都當作自己成長的養分。她漸漸在這條路上走出屬於自己風格的一條線。

　　從她改變的那一刻起，壓力不再來自同儕，而變成一種內在驅動的能量。她明白，欣賞不是示弱，而是讓自己變得更強的開始。

第二章　待人之道：擺脫以自我為中心的心態

競爭不是戰場，是學習的助力

逸翔與柏勳是在同一家公司工作的同事。兩人都很年輕，能力也相當接近，因此在團隊中總被視為潛力股。公司決定晉升一位新任專案主管，兩人自然而然成為競爭對象。

起初，逸翔心中有些不平衡。他知道柏勳人緣好，溝通能力強，而自己在技術上比較突出。他開始陷入一種焦慮：萬一柏勳只是因為受歡迎而被提拔呢？這種心態讓他逐漸變得急躁、情緒不穩，連帶影響了團隊合作。

有天，公司臨時加派一個高難度任務給兩人合作處理。逸翔一度想著，若能單獨完成，就能向上層展現實力。但幾次開會後，他卻意外發現柏勳的提案思路清晰，對時間掌握與跨部門協調十分敏銳，這是他自己所缺乏的。

逸翔開始轉變想法，主動與柏勳分工配合，兩人逐步建立默契。案子完成得比預期更順利，最終公司決定讓兩人共同帶領下一個大型計畫，各自負責不同面向。主管私下告訴逸翔：「你們的組合，遠比單打獨鬥來得強。」

後來，逸翔常笑說：「當初若只是想著如何超越柏勳，可能兩敗俱傷了。幸好我選擇了欣賞與合作，結果不只共事愉快，還學到了我缺乏的東西。」

真正的競爭，不是要消滅對手，而是激發自己更強的潛力。懂得從對方身上學習的人，才會走得長遠也走得穩。

你的價值，從不需要證明給誰看

人與人之間，本就不同。不必每個人都像橡樹高大，也不必都像玫瑰艷麗。太多的比較只會讓人忘記原本的美好。與其把力氣浪費在計算他人的成績，不如將注意力轉回自己腳下的路。

生活不是競技場，而是一段探索自己、發現自我價值的旅程。學會欣賞別人，是對自己的善待；停止攀比，是給心靈的自由。

從今天起，把嫉妒的眼光換成學習的目光，把比較的習慣轉化為欣賞的能量。當你看見他人光彩奪目時，不要懷疑自己的意義，而要記得，你也是獨特而重要的存在。你的節奏，只需自己掌握。你的價值，不需別人定義。

忠於本分，不搶功勞

在一家跨國企業任職多年的高階主管魏紹年，一向是公司倚重的中流砥柱。他低調踏實、反應敏銳，歷年主導的大型專案從未失手，因此被視為最有機會接任總經理職務的人選。從資歷、能力到人緣，魏紹年幾乎無可挑剔，大家心知肚明，他的升遷只是時間問題。

某年，董事會宣布原總經理即將退休，將從內部人選中選

第二章　待人之道：擺脫以自我為中心的心態

拔接班人。整間公司議論紛紛，許多人都認為魏紹年是理所當然的繼任者，連他自己也準備迎接挑戰。

沒想到，最終公司延攬了一位來自其他集團的空降主管。這項決定引起不少震驚與不滿，魏紹年的太太更是憤憤不平，認為丈夫多年貢獻被輕視，甚至激動地勸他乾脆離職。

但魏紹年沒有情緒化地做出決定，他平靜地表示：「人事的安排我無法控制，但我能決定自己是否還能貢獻。」他選擇繼續在副總位置上協助新任總經理，甚至主動承擔整合工作，全力配合新方向。

這樣的心境，不只是成熟，更是一種大智慧。他深知，一時的挫折無損實力，反而更能顯出格局。貪功好勝者或許一時得勢，但長遠來看，真正有價值的人終究會被看見。

若一個人心中存有怨懟，甚至不斷質疑外界的公平，只會讓自己陷入情緒困局。一旦這種「自憐」的習慣成形，就會對所有不如意的事過度敏感，誤以為全世界都與自己為敵。這樣的人，很難再全心投入工作，也無法建立健康的人際關係。

做對的事，不必搶風頭

在一間廣告公司裡，有兩位年輕員工品如與若晨，她們原是感情不錯的同事。某次公司舉辦創意提案競賽，獲選者將有機會參與跨國專案。品如全力以赴，深入研究品牌背景與市場

趨勢，經過數週構思，終於完成一份極具創意與實用性的提案。

截止日前一天，若晨心急地向品如求助，說自己準備不充分，請品如幫忙看一下方向是否正確。品如出於同情與善意，答應讓對方參考一些結構與邏輯，甚至大致講述了自己的提案內容。

結果令人錯愕。隔天會議上，若晨的簡報幾乎完全照搬品如的創意與脈絡，甚至連具體範例也雷同。她自稱提案內容來自過去累積的靈感，還說原稿因筆電損壞無法展示，只能口頭簡報。當眾多主管拍案叫絕，給予若晨高度肯定時，品如心中五味雜陳，卻又無法當場揭穿。

然而，事情並未就此結束。提案通過後，若晨成為執行負責人。但由於她對方案細節並不熟悉，後續與客戶溝通頻出問題，連合作單位也開始產生質疑。最終，主管深入了解整個過程後，發現她的方案來源，當場撤銷其職務安排，並將實際執行責任轉交給真正的創作者品如。

從那以後，公司更加重視誠信與合作精神，也讓品如的聲望大幅提升。她並未主動爭功，但真相最終站在了她這邊。

許多時候，真正值得信賴的人，不是那些高調宣傳自己成就的人，而是那些默默完成工作、穩定輸出成果的人。搶功勞，也許短暫奏效，但無法經得起時間與實務的考驗。風光的背後若沒有實力支撐，很容易就原形畢露。

第二章　待人之道：擺脫以自我為中心的心態

真正的尊重，來自穩定的價值

職場不是舞臺劇，不需要為了掌聲設計橋段。每個人的價值都應該來自真實貢獻，而不是短暫的表象。當我們把心思放在做對的事，放下「一定要被看見」的欲望，自然會讓人看見真正的實力。

忠於職責，不搶風頭；珍惜信任，不貪他人成果。職場上的信譽是一點一滴累積而來的，失去容易，重建卻困難。當你選擇誠實與專業，你就已經為未來的機會鋪好了路。

不要急著證明自己，也不要急著爭得高位。一個人若能在他人得勢時保持風度，在自己失利時依然前行，那樣的格局，自會成為眾人仰望的高峰。

讓一口氣，贏一生的局

車廂裡，一位年輕男子突然大聲咆哮，原來是一位清潔人員提醒他不要倚靠在車門上。他不但不領情，反而破口大罵，言語粗俗，讓周圍乘客側目。那位年約五十的清潔人員是位女性，雖然臉色刷白，眼眶含淚，卻沒有回嘴。

當大家以為事情將一觸即發時，她只是低頭深吸一口氣，轉身從推車中拿出清潔布，默默將剛才男子潑灑的飲料擦乾。

然後她淡淡說:「麻煩大家請注意安全,車子轉彎會晃,靠門很危險。」

那位年輕人本想繼續叫囂,但在全車靜默與眾人注視中,他愣了一下,竟然噤聲。車到站時,他不發一語地走出車門,數秒後卻又轉身回頭對那位清潔人員說:「不好意思,我剛剛太衝動了。」

那位清潔員依然只是微笑點頭。這一幕,讓人們紛紛低聲讚嘆:真正的氣度,不是制伏對手,而是守住自己的分寸。

忍讓是轉機,不是退讓

梁宜君曾是電視臺的主播,工作嚴謹、表現亮眼,卻也有點倔強直率。一次內部改組,她被調任到早班新聞,這讓她極度不滿,甚至當面頂撞主管。沒多久,臺裡安排一位年輕記者林彥廷成為她的助理,林彥廷剛畢業、經驗不足,連跑稿子都結結巴巴。

某次直播前,林彥廷錯將一則地方交通事故寫成政治新聞,讓梁宜君差點在鏡頭前出錯。當下她壓抑怒火,硬是將新聞改口修正。下了節目,所有人都在等著看她發飆,沒想到她只輕聲說:「以後搞不清楚的稿子先拿給我看,記得標注消息來源。」

林彥廷當場愣住。事後,他主動加班練習寫稿、改進流程,沒幾個月便成了站內表現最突出的新人。而梁宜君也因能帶領

第二章　待人之道：擺脫以自我為中心的心態

新人、沉穩應變，獲得臺內主管一致肯定，升任編輯部主任。

若她當初選擇責罵與控訴，不只失了風度，也可能讓一顆剛起步的星星提前隕落。忍讓的當下或許感到委屈，但正是那份理智，鋪出了後來的高峰。

心有餘裕，路自然寬

生活中難免有誤解、有挑釁、有不公。若我們逢事都要爭高下，那麼生活將是一場疲憊的拉鋸戰。真正的強者，不在於擊退對方，而是在於保有風度、放過自己。

忍讓並不等於懦弱，而是懂得選擇何時該收，何時該放。有些贏，只是一時之氣；而懂得忍，則可能贏得長遠的尊重與機會。當你願意退一步，或許就是轉向人生另一片廣闊天地的開始。你沒輸，只是選擇不在不值得的戰場上糾纏。退一步，不是退讓，而是看見更遠的風景。

誠信，是站穩人生的根本

在義大利米蘭的一所高中，舉辦了一場別開生面的公民課作業比賽。老師要求每位學生參與一項社區任務，並記錄整個過程，誰的紀錄最完整、態度最真誠，誰就能代表學校參加市政青年模範選拔。

有個叫米可的男孩，選擇在當地圖書館當志工。他每天準時到館內報到，協助分類書籍、擦拭書架、幫長輩們尋找資料。可惜這段時間圖書館內部裝修，可供執行的工作不多，他記錄的內容乍看之下平淡無奇。

交件那天，其他同學遞交的報告圖文並茂，有的還附上訪問影片與滿滿簽名推薦書。相較之下，米可的一本薄薄筆記，看起來寒酸無比。他有些自卑，但還是如實繳交。

沒想到結果揭曉那天，老師當場宣布米可為第一名，並朗讀他的其中一段：「我曾因為工地太吵想要請假，但想到既然承諾了要每天來，就不該找理由缺席。於是我戴上耳罩，照樣去擦書架。」這段話打動了全班，因為誠信不是華麗的字句，而是那份「答應了就做」的態度。

老師說：「你們的報告很精彩，但我更在乎你們是否履行了原本的承諾。真正值得肯定的，不是包裝得多完美，而是內在的真誠。」那一刻，米可低著頭笑了，全班也給他最熱烈的掌聲。

誠信藏在日常細節裡

曾有位企業家在徵才時，最重視的一點並不是成績或證照，而是「準時」。有位女孩在面試當天提早十分鐘到場，結果公司門還沒開。她沒有抱怨，也沒打電話催促，而是靜靜站在門口

第二章　待人之道：擺脫以自我為中心的心態

等。隔著玻璃門，公司老闆早已注意到她。

最終錄取名單公布時，那位女孩雀屏中選。她之後在公司表現平穩踏實，不爭功不投機，幾年內逐步升遷成主管。後來老闆說：「一個能準時赴約的人，大多也懂得對承諾負責。」

人與人之間的信任，往往不是靠一句「我很誠實」來建立的，而是從一件件微小行為、一個個選擇中累積出來的。一次遲到、一次食言、一次隨便說出口的謊言，都可能讓他人對你失去信任。反之，一個願意坦白錯誤、不推諉責任的人，即使偶有犯錯，也會被理解和接納。

真正值得倚賴的人，是誠實不浮誇的人

誠信，就像鞋底的釘子，走得慢不要緊，但不滑倒才最重要。它不是寫在履歷表上的空話，而是寫進你行為裡的默契。能誠實待人、說話算話，是比任何能力更被長久信任的資產。

現代社會步調快速，人們容易被表象所迷惑，但總有一天，人與人之間還是要回到最根本的信賴感。而信賴感從哪裡來？從你是否願意對自己的話負責、是否在無人監督時依然選擇正直。

所以，別輕看每一次如實報告、守時赴約、不誇大功勞的選擇。那是你未來人生最可靠的保證書。誠信不會讓你一夕爆紅，但它會讓你在風雨來襲時，穩穩站住。

空轉的生活，是另一種沉淪

有人說：「人生最安逸的時候，其實是最危險的時候。」一位剛離世的靈魂，在前往陰間的途中，誤入一座輝煌的宮殿。主人熱情地招呼他：「這裡是理想的天堂，你不必再辛苦，不用工作，只需吃喝睡覺就好。」

這位靈魂欣然接受。初期他每天無憂無慮，吃得飽睡得香，彷彿夢想成真。可漸漸地，他開始覺得無趣、空虛，甚至有些煩躁。於是他向宮殿主人請求工作機會，卻被告知：「這裡從來沒有工作。」

他痛苦地說：「若這就是所謂的天堂，那我寧願下地獄！」主人冷冷一笑：「你誤會了，這裡正是地獄。」

許多看似舒適的生活，其實是在慢慢腐蝕你內心的鋼鐵意志。當一個人不再願意付出、不再積極追求挑戰，他便會失去對生活的熱情與成就感。懶惰不會直接毀了你，但會讓你在不知不覺中，一點一滴被自己掏空。

行動，是成功者共同的語言

在某家公司，有兩位年輕人同時入職。一位是陽光外向、積極主動的郁翔，另一位是習慣等待指令、能閃就閃的浩仁。工作之初，兩人看似旗鼓相當，但一年後，命運便走上了不同的軌道。

第二章　待人之道：擺脫以自我為中心的心態

郁翔主動學習新技能，主動協助老闆進行客戶提案，每一次超出分內工作的嘗試，讓他快速成長，備受賞識。不久之後，他便被提拔為業務部副主管。而浩仁呢？他始終原地踏步，不僅錯過升遷機會，還因為態度消極，在組織重整中被開除。

後來郁翔受訪時說：「我只是每天多做一點，多想一步，沒人逼我，我卻覺得有責任讓自己進步。」

人的潛能從不是天生就被劃定的界線，而是行動中不斷被開發的資源。懶惰只會讓你以為自己無能，而勤奮會證明你比想像中更強大。差別往往不在能力，而在是否願意付出。

懶惰是自毀，勤奮是自救

或許你擁有聰明的腦袋、有遠大的理想、有不錯的條件，但若讓惰性控制你，每一個優勢都將成為擱置的寶藏。許多人不是敗在不如別人，而是敗在「不願開始、不願堅持」。

工作不是負擔，而是磨練意志、展現自我價值的舞臺。再平凡的職位，只要投入熱情，也能開出不平凡的花朵。養成勤奮的習慣，不只會為你帶來機會，更會為你的人格添上重量。

別讓懶惰拖住腳步，因為成功從不與躺平的人為伍。唯有願意行動的人，才有資格走向光亮的人生。

真正的修練，是從聽進不順耳的話開始

　　高中時期，宜蓁一直被稱為班上的模範生。成績總是名列前茅，待人有禮，老師與同學們都對她印象極好。她自認只要繼續努力，就能如願考上理想的大學。

　　直到一次模擬考成績出來，她的作文只拿了中下的分數。評語寫得極為直接：「詞藻過於堆砌，立意空泛，情感表現流於形式。」這份評語讓她氣得幾乎落淚。她拿著試卷跑去找國文老師理論，覺得自己被苛刻對待。

　　老師卻淡淡回了一句：「妳可以不接受，但妳失去了一次真正進步的機會。」

　　那晚她回家，翻出自己過去的作文，仔細一篇篇重讀。突然發現，自己的文章雖然漂亮，但確實有種表面光鮮、缺乏真實感的空洞。那一刻，她才第一次放下自尊，把那份評論拿來好好研究。從那次開始，她慢慢練習寫得更貼近生活、更有力量。高三那年，她靠著那篇觸動人心的文章，拿下了全國寫作比賽第二名。

　　後來宜蓁說：「如果我當初堅持認為自己沒錯，可能到現在還寫著那些沒靈魂的華麗空話。」

第二章　待人之道：擺脫以自我為中心的心態

勇敢接受不完美，才會變得更完整

職場上也有一種人，看起來總是沉默寡言，卻是團隊最可靠的支柱。家銘就是這樣一位員工。他平時話不多，但負責的系統總是準時完成，品質穩定。某次開發新功能時，他設計的方案在測試階段出了狀況。主管當著全體團隊的面批評他的設計「不夠彈性」，一語點破他長久以來的盲點。

大家以為家銘會難堪退縮，沒想到他當場點頭，並回應：「我確實沒注意這點，謝謝提醒。我今晚會重寫架構，請大家明早再幫我 review 一次。」

沒有人再提那次錯誤，因為他的態度早就贏得了全場的尊重。那次重構後的新系統，反而成為了公司後續多個產品的標準架構。

後來主管提拔他為團隊的副理時說：「我選他，不是因為他沒犯錯，而是他知道怎麼對待錯誤。」

批評是人生路上的路標，不是障礙

我們都喜歡被讚美，但真正讓人成長的，往往是那些聽來刺耳卻最中肯的指正。逃避批評，只會讓我們陷在自以為是的世界裡；學會面對批評，則是讓自己變得更強大的第一步。

不是每一句話都必須照單全收，但每一句話都可以成為反

省自我的鏡子。與其糾結於被挑錯，不如把錯誤當作修正軌道的機會。凡事都只尋求肯定，反而會錯過真實的進步。能夠坦然承認不完美，是一種格局，也是一種修養。

讓我們養成這樣的習慣：不怕被說、不怕被點出缺點，不用每次都反駁證明自己對，而是誠實地去看見自己的不足。因為被批評不可恥，最可惜的，是從沒學會從批評中變好。

沉穩，是一種被低估的力量

年輕時的王哲，是補教界一位小有名氣的講師。他口才極佳、氣場強大，短短幾年就在補教圈打開知名度。學生們讚他「有料又有趣」，同行們則開始對他另眼相看。然而，他的高傲也與日俱增。每次參加研討會，他總是搶著發言，不給別人說話的空間；每次與其他講師同臺，他總要設法「壓過」對方，爭取最多掌聲。

一次，一位資深的業界前輩請他共同策劃一場大型教育論壇，王哲一口答應，卻在宣傳時大篇幅主打自己的名字，幾乎把合辦人邊緣化。前輩沒有明說什麼，但活動結束後，卻悄悄地把他的聯絡方式從往來名單中移除。

此後，王哲發現自己接到的邀約變少了，合作機會也一一消失。他百思不得其解，直到有一天，一位熟識的老師私下提

第二章　待人之道：擺脫以自我為中心的心態

醒他：「你不是不厲害，而是太急著讓人看到你厲害。時間一久，大家會怕，會遠離。」

王哲聽了沉默良久。他回想過去幾年的種種，才發現自己太常在不該出頭的場合搶盡鋒頭，讓合作變成競爭，讓欣賞變成防備。從那天起，他學會了收斂，轉而把時間花在內容本質與團隊經營上。幾年後，他再次受到業界青睞，但這一次，是因為他的沉穩與可靠。

真正的高手，往往安靜不張揚

在一間新創公司裡，有位名叫林俞靜的工程師。她不愛發言、不常發文，也從不炫耀自己做了哪些功能、解決了多少技術難題。起初，同事們對她印象模糊，甚至覺得她有點「沒存在感」。

直到有次，團隊面臨一場重大技術瓶頸，眼看產品開發時程要延遲，俞靜默默提出一個替代架構，清晰、完整且高效率，成功解決了問題，整個團隊才驚覺她原來早就默默做足了功課。

經理會後問她：「為什麼不早點說妳有這個解法？」她笑笑地說：「我只是想確定真的有幫助，再開口比較踏實。」

從那次開始，大家不再忽略她。即使她仍不多話，卻成為團隊中最受信賴的人。可見，一個人的價值從來不需要用喧嘩來證明，而是在關鍵時刻展現出來。

真正有實力的人,往往不急著讓世界知道他有多強;因為他知道,值得信任的不是話語,而是結果。

謙遜,是走得長久的特質

張揚也許能讓你一時被看見,但謙遜卻能讓你長久被記得。炫耀是一種衝動,而收斂是一種智慧。我們當然可以對自己的成就感到驕傲,但如果不懂得適時退一步、讓他人發光,那麼終有一天,你的光芒會變成旁人眼中的刺眼。

這個世界並不排斥能力強的人,但會畏懼過度張狂的野心。真正的高手,從來不是到處證明自己的人,而是在沉默中讓事實說話。

做人,可以自信,但不該自滿;可以表現,但不該炫耀。懂得低頭的人,不是低聲下氣,而是為了走得更穩、更遠。謙虛,不是讓你變小,而是讓你有空間成長。

做人低調一點,讓自己成為別人想靠近的人,而不是避之唯恐不及的「出頭鳥」。因為,真正的強大,從來不是張狂的模樣,而是安靜的力量。

第二章　待人之道：擺脫以自我為中心的心態

第三章
處世有方：
讓人際互動更得人心

　　如果不懂得如何與人相處，不僅難以談論什麼偉大的成就，甚至連在社會中站穩腳步都會變得艱難。人際關係是人生旅程中不可忽視的重要環節，它往往決定了一個人能否順利前行。許多時候，專業能力固然重要，但真正拉開差距的，往往是與人溝通、合作與理解的能力。唯有培養良好的處世習慣，懂得尊重他人、掌握分寸、建立信任，才能在人群中脫穎而出，一步步朝向屬於自己的高峰邁進。

第三章　處世有方：讓人際互動更得人心

一句暖語，勝過千言萬語

高三那年，陳盈靜轉學到了一所高中。初來乍到，她話不多，常一個人靜靜坐在教室角落讀書。班上同學多數早已熟識，對這位新來又沉默的女孩，沒有太多交集。

直到有一天，她在國文課的小組報告中脫穎而出。她清晰的講解與細膩的分析，讓原本嘰嘰喳喳的教室瞬間安靜下來，連老師都點頭稱讚。但最讓她意外的，是同學阿潔主動走來說：「妳的報告超棒的，尤其舉例的部分，好聰明的邏輯！」那一刻，盈靜臉頰微紅，心裡卻暖了起來。

這句話像一道光，打破了她與同學之間的距離感。接下來幾天，越來越多同學找她聊天、問她問題，甚至邀她一起吃午餐。盈靜開始慢慢打開心門，也更願意參與班級活動。後來她曾悄悄對朋友說：「其實我原本很緊張，但因為那句讚美，我覺得我好像有被看見、被接納。」

真誠的讚美，不需要太多修飾，也不是客套應酬，而是一種接觸與理解的橋梁。對方也許只是默默地在某個角落發光，等著有人留意；而一句讚美，剛好就是那道讓他被看見的光。

善於欣賞，是一種生活的智慧

在設計事務所工作的孟芝，一向對自己作品要求嚴格，每次交件前都會反覆潤飾到深夜。有一回，她花了整整兩週設計了一款企業形象企劃書，雖然獲得客戶青睞，但部門主管卻淡淡一句：「不錯，還有可以加強的地方。」讓她瞬間洩氣。

就在她開始懷疑自己時，同部門的學長冠豪悄悄傳了訊息給她：「我看了妳這次的企劃，配色跟排版處理得很有質感，尤其客戶頁的動態設計，那段動畫我學起來了！」短短幾行字，卻讓她找回信心。

此後，兩人開始經常互相交流設計心得，漸漸成為最佳拍檔。幾個月後，他們一同負責國際展覽專案，完美配合，兩人也成為公司公認最具默契的設計組合。

讚美，並不是阿諛奉承，而是用心觀察後發出的認同。當你願意真誠地說出「我看見你的努力」，對方不只被肯定，更可能因此展開更深的合作與信任。

一句讚美，換來無限可能

人在職場與生活中，總會遇見懷疑自我或陷入低潮的時候。有時，與其講大道理，不如一句溫暖的讚美更能穿透心牆。懂得在適當時機，真心肯定對方，鼓勵了對方，更可能改變彼此的關係。

第三章　處世有方：讓人際互動更得人心

讚美是一種習慣，也是一種修養。它不需花錢、不需太多技巧，卻能拉近心與心的距離。從今天起，不妨練習在生活中多發現他人的優點，多說一句：「我覺得你這點真的很棒。」也許這句話，正是對方最需要的一道光。

因為，真正有力量的溝通，不在言多，而在「言暖」。懂得讚美的人，終將在人際路上，走得更寬、更遠。

尊重，是最實用的人際智慧

最近，專案經理林予誠因為進度落後而壓力沉重。那天下午，一位前來實習的設計系大學生，戴著眼鏡、話不多，看起來頗為木訥，主動請纓幫忙簡報排版設計。林予誠心中不禁暗自腹誹：「這種半路加入的學生，能幫上什麼忙？」但基於禮貌，他還是點了點頭，將一份資料草稿交給他試著處理。

沒想到隔天早上，實習生交出的簡報簡潔有力，色彩與排版極富創意，正好解決團隊多日難產的視覺風格瓶頸。林予誠看著眼前成果，立刻召開會議，把這位實習生拉進主設計流程，並當眾讚許：「這是我們目前看過最有效率的呈現方式。」

這位實習生名叫曾顥文，來公司前才因為家庭經濟無法就讀研究所，改為提早投入職場。雖然資歷尚淺，卻對設計有極

大熱情。他說:「還好當初經理給我一個機會,否則我可能會一直以為自己沒什麼用處。」

願意聽的人,才有機會真正懂人

老書店老闆陳伯經營自家書店近四十年,顧客群橫跨三代人。有人問他經營祕訣,他總笑說:「我不太懂行銷,書也不是最便宜,但我很會聽人說話。」

有一次,一位年輕老師在書店裡找不到指定版本的詩集,心情明顯不佳。店員一時手忙腳亂,不知如何應對。陳伯聽見後,走過去安靜地陪著老師翻目錄,再問:「您想找這個版本,是因為裡面的哪一首詩嗎?」

對方愣了一下,接著點頭說:「是,我教高一,要講鄭愁予那首〈錯誤〉,但其他版本沒有注解。」

陳伯當下聯絡了一家舊書倉庫,並親自騎車去拿書。兩天後,那位老師再次現身,感動地說:「謝謝你,學生們真的因為這本書而開始喜歡詩了。」

若非老闆願意耐心聆聽,這段緣分也許就此錯過。尊重他人,不只是外在的客氣,而是願意放下自我、花時間理解對方在意的點。被真正理解的人,才會卸下心防,也才有後續的信任與合作。

懂得尊重人，終將成就你的人脈

人與人之間，從不在於誰比較重要，而在於是否願意放下身段，真心看見他人的價值。生活裡，不是每個人都會穿著光鮮、語言得體，但不代表他們沒有才華，也不代表他們與你的未來毫無交集。

尊重，是一種深刻的人際習慣，也是一項不可或缺的軟實力。在你面對每一個人時，若能秉持平等、誠懇、不輕視的態度，不僅能讓彼此的互動更加順暢，更可能因一個小舉動，換來一份信任，促成一段深遠的合作與友情。

別讓偏見與傲慢，阻擋了你認識他人的機會。尊重，是所有關係的起點，也是讓你走得更穩、更遠的祕訣。

進退有度的智慧

有一間老字號的文具批發行，由林老闆經營了二十多年。某次與一間連鎖書局合作時，對方因庫存系統錯誤，將價目表上的某一批商品標錯為特價商品，導致訂單數量暴增，卻沒辦法以原價銷售。

書局方面希望林老闆能配合這筆價格錯誤，暫時給予折扣，雙方各退一步，讓活動能如期進行。但其實，這批貨的利

潤早已壓到最低，倘若答應折讓，公司幾乎要虧損。

許多員工替老闆抱不平，認為書局理虧在先，不該讓步。然而林老闆並未照章索賠，而是主動提議拆單處理：部分保留折扣，部分重新議價，並提供另一批新品作為緩衝。對方高層聽後感激不已，認為林老闆顧全大局，最終將林老闆的產品納入門市的長期採購名單。

事後林老闆語重心長地對夥伴們說：「多留一點空間給對方，有時反而是為自己種下更多機會。做人不能太急，做事也不能太絕。」

真正有遠見的人，往往願意在眼前小事中讓步，因為他們知道，一時得失不比長遠關係來得重要。

別讓得寸進尺，毀了自己的格局

律師陳以晨辦過一起公司糾紛案件。甲方明顯在法律上占盡優勢，對方乙方則屬小型創業團隊，簽約時不甚周延，確實在條文上吃了虧。

開庭前，甲方高層滿臉勝券在握的神情對陳律師說：「我們要他們一毛不剩，看他們以後還敢不敢亂來。」但陳律師卻語氣平和地提醒對方：「如果現在逼得太急，除了得罪一批創業圈的潛在合作對象，也可能讓輿論認為我們是壓榨小商家的惡霸。」

最終在她的建議下，甲方決定接受調解條件，放棄追討違

約金,而要求乙方撤回部分商標權與平臺資料。案子和平落幕,沒人受到重創,反而換來雙方各自的聲響提升。

幾年後,那個曾經差點被逼得倒閉的乙方創辦人,憑著新創專案成功翻身,回過頭來主動與原甲方合作,並在一場產業會議中公開致謝:「當年對方給我們一條活路,我永遠記得。」

從一開始的對立到最終的合作,正是因為當年的一份餘地,才讓雙方關係沒有惡化。真正的高手從不讓局面走到死胡同,而是懂得在適當時候踩煞車、轉方向,為未來鋪出更寬的路。

放手一點,才握得更久

凡事留點餘地,不等於示弱,而是一種格局。做人做事若總想「贏到底」、占盡便宜,雖然一時風光,卻可能悄悄埋下裂痕。畢竟,人生是長途旅行,不是短跑比賽。

無論是商場談判、人際相處,還是職場合作,願意多為對方想一步,不急於一時之利,才會收穫長遠信任。能容人者人容之,能讓人者人讓之。這份從容與體諒,不但是一種溫柔的智慧,更是通往成功與和諧的門票。

凡事不做絕,才是圓滿的開始。在你為人處世的每一步中,試著多留一點空間,也許哪天,它就成了你最穩固的後盾。

低調藏鋒芒，是最穩妥的力量

一間知名創投公司每年都會舉辦內部提案競賽，讓年輕投資人針對新案子進行報告，優勝者能取得百萬資金進行實地投資。這不只是一次實習機會，更是每位新晉分析師出頭天的跳板。

在一次競賽中，最被看好的分析師是劉奕辰，名校畢業、反應迅捷、口才出眾，是主管們私下稱讚的明日之星。而另一位參賽者林嘉翔，年紀稍長，先前在產業界工作多年，近年才轉職進入投資圈，作風穩健但較為低調。

比賽當天，劉奕辰的提案聲勢浩大，精美的簡報、炫目的影片搭配自信滿滿的表現，博得現場熱烈掌聲。林嘉翔則選擇一個冷門的生技育種案，語速緩慢，資料扎實但平淡，現場氣氛明顯冷下來。

評審最後陷入拉鋸，劉奕辰似乎穩操勝券。不過，就在宣布前三名前夕，劉奕辰突然主動與評審私下溝通，表示希望林嘉翔能被優先考慮，「那個案子我原本也評估過，但嘉翔更懂技術層面，讓他去會是更好的決定。」

主管們驚訝劉奕辰的謙讓，但也感受到他的格局，最終決定雙雙錄取。結果幾個月後，林嘉翔成功為公司投資的生技案在國際市場大放異彩，而劉奕辰的風度與全局觀，更為他贏得了長遠信任。

日後回顧這場競賽，主管笑說：「有些人，是靠實力站上舞臺；有些人，是靠讓一步，贏得全局。」

處處強出頭，終會四面楚歌

相對於劉奕辰的圓融，另一位前輩張士維就顯得過於銳氣外露。他在部門中成績亮眼，專案提報次次搶下最終決策權，令其他同仁敬佩又備感壓力。

某次，他在跨部門提案會議中，當場駁斥了一位資深顧問提出的質疑。話語直接、邏輯嚴密，場面一度尷尬，顧問苦笑離席。雖然當下張士維獲得上層點頭，卻也悄悄埋下了人際隱患。

幾個月後，他主導的一個大型科技專案資金突然遭暫緩，內部說法是「評估程序需再確認」，但知情人士透露，那位被當眾駁斥的資深顧問，在董事會上對案子提出「風險過高」的質疑。結果整案遭撤，張士維也因此喪失晉升機會。

後來他悻悻地說：「早知道我當時不必那麼急著證明自己對，或許結果會不一樣。」但話已出口，已成定局。人際之事，就像一張無形的網，牽動彼此觀感，一旦傷了關係，再多的能力也難以挽回。

讓一分，不是示弱

在這個處處競爭、講求效率的社會裡，我們總以為要爭，要搶，要證明自己。但有時，真正厲害的人反而懂得適時讓步，懂得不逞一時之快，不爭一時之鋒。

你不讓一步，可能多一項榮譽；但讓一步，卻可能多一份人心與未來。別讓一時勝負，斷送長遠局勢；別讓你的鋒芒刺痛了合作的橋梁。

學會退一步，不是因為你比別人差，而是你知道，懂得低頭，是人生最高的姿態。人際如水，順流而行才長久；處世如弓，收弦待發才致遠。讓一分，不是懦弱，而是一種深藏不露的實力與遠見。

順勢而行，才不會困在原地

郝芊文是個標準完美主義者。每次工作開會，她都以最周延的準備、最細膩的分析著稱。她擁有一套固定的做事邏輯，認為只要照著流程走、堅持原則，事情就會自然成功。

但當公司啟動一項與歐洲客戶合作的軟體計畫後，芊文很快發現，事態並非她熟悉的節奏。外國合作夥伴反應緩慢、需求不斷更改，甚至常常在專案尾聲才大幅調整方向。她一開始

第三章　處世有方：讓人際互動更得人心

非常反感，堅持用自己原有的邏輯處理，結果連續三次簡報都被客戶否決，還被專案主管警告進度延宕。

這讓她感到無比挫敗，一度懷疑是否自己能力出了問題。直到某次，她主動找上另一組負責歐洲市場的同事聊聊，才驚覺對方一直以「模糊應對」、「彈性回應」來處理變動，用初步概念先取得客戶信任，後續再逐步細化。

芊文恍然大悟。從那天起，她逐步修正自己原本「一步到位」的模式，開始放下過度計劃的習慣。她學會預留空間給變數，也開始在專案中設計調整機制，讓客戶有討論與修正的餘地。沒想到，這一轉念不但讓客戶反應變好，還讓她獲得年度彈性管理獎。

她笑著說：「我過去像一條直線，現在我願意彎一點，結果走得反而更快。」懂得變通的人，從來不是放棄原則，而是懂得什麼時候該堅持，什麼時候該鬆手。

硬碰硬只會兩敗俱傷，轉個彎可能更寬廣

另一個故事來自一家企業的創辦人簡玉婷。她原本打算推動一項回收玻璃再製手工藝的環保專案，並選擇在南部一個傳統工業重鎮展開。她理所當然地認為，當地有工廠、也有資源，推行起來理當順利。

沒想到，一連三個月，她和團隊在地推動毫無進展。地方

工廠對於合作興致缺缺，居民也對他們抱持懷疑。團隊一度陷入士氣低落。

就在最沮喪的時候，玉婷參加一場當地社區營造的分享會。她靜靜地坐在角落，聽著一位七旬老奶奶講述當地如何從垃圾場轉型成共融公園。那一晚，她突然明白：自己錯在一開始太過堅持「由上而下」的做法，而沒有真正傾聽這個社區的聲音。

回去之後，她主動調整策略，將「再製工藝」轉變為「社區手作坊」，先讓居民參與簡單的手作課程，並邀請當地工廠技師一起設計作品。不到半年，專案就成功打入在地市場，並被選為年度示範計畫。

後來玉婷說：「與其硬闖，不如變道。很多時候你以為的阻力，只是提醒你方向錯了。」

靈活變通，是在變動世界中的生存智慧

在這個快速轉變的時代，固守原則固然重要，但若完全不懂得變通，只會困住自己。就像船在航行時，遇到暗流與巨浪時若不願轉舵，最終就只能撞礁沉沒。

變通不是妥協，而是從不同角度看待問題，從不同方法找到解法。它不是軟弱，而是一種更高層次的應對力。懂得變通的人，在亂流中不急不躁，在轉角處仍能找到出口。他們不會被環境限制，反而能用環境成就自己。

第三章　處世有方：讓人際互動更得人心

人生如水，不變的是目標，改變的是路徑。有時候，退一步不是退，而是為了繞過障礙走得更遠。與其困在理想框架中嘆氣，不如打開心胸學會轉彎。你會發現，變通的人生，會更有彈性，也更有可能成就一條獨特的路。

柔軟不是脆弱，是轉彎的智慧

林知遠在畢業後進入一家工程顧問公司，滿懷理想地想在職場闖出一番天地。他學歷優異、實力出眾，卻也因此有點自視甚高，認為只要憑實力，就能讓主管另眼相看。

某天，他發現工程進度落後，是因為某位資深員工私下更改了預算。他氣憤不已，直接在會議上當眾指出對方的錯誤，還強調：「這樣的行為會拖垮整個案子，應該立刻追究責任。」會議室一陣靜默，主管尷尬地打圓場，其他人則面面相覷。

會後主管約他私下談話：「知遠，你的專業沒有問題，但在這裡，凡事不是只有對與錯。這件事我們早知道，只是想等案子收尾後再內部調整處理。你這樣一說，讓大家都很難做人。」知遠聽完一言不發，回辦公桌時臉色鐵青。他第一次發現，光靠實力，未必走得通。

隔了幾天，一位前輩帶他喝咖啡，語重心長地說：「你若真想解決問題，有時候得先放軟身段。不是叫你妥協，而是保

留力量，才能走得更遠。」從那天起，知遠開始改變風格，話少了，聽多了，意見也變得更圓融，面對問題時先觀察人情，後動手處理。沒想到半年後，他不但升任小組主管，還主導新案開發，成了主管眼中最會「搞定人事」的明日之星。

原來，有時低頭，不是失敗，而是一種更穩妥的力量儲備。

彎腰不代表輸，是為了更穩的起跑

在建設公司擔任副理的鄧于安，是出了名的果斷與效率派。她總能用最短時間拿下最困難的建案，也因此在業界聲名鵲起。然而一次招標，她卻踢到鐵板。

那是一場聯合開發案，牽涉五間公司。會議中她一如以往地掌握主控權，句句針對數據與效率，不留情面地駁斥了另一方提出的模糊條款。結果當場冷場，最關鍵的決策者臉色大變。

會後，她氣憤地說：「明明我們條件最好，為什麼還要顧慮那些『人情』問題？」但老總只簡單地說：「我們做的是長期事業，不是搶生意，讓一步，是替未來留空間。」

她不服氣，但幾週後，得知對方改與另一家較小但「懂得談話」的公司合作時，她才體會到什麼叫：「不是妳不夠好，而是妳太不懂變通。」

後來，于安開始學會讓話語柔軟些、態度退後一點，逐步建立起更廣的人脈網，也贏得不少合作機會。她笑說：「我從前

像一把直劍，現在學會當一張弓，雖彎但能射得遠。」

低頭的背後，不是輸，而是一種謀略。先低頭，是為了讓對方願意抬頭看你。

低頭，是一種姿態，更是一種高度

低頭不是懦弱，而是一種成熟後的智慧選擇。在人際交往與職場競爭中，硬碰硬很容易兩敗俱傷。懂得在關鍵時刻調整姿態、緩和衝突的人，才能真正拉長戰線，穩住自己的腳步。

低頭不等於認輸，而是懂得不在無謂的戰場上浪費資源。人生不是一場場非贏即輸的爭鬥，而是一段段需要精準判斷與平衡的旅程。真正聰明的人，不只會出頭，更懂得什麼時候該收，什麼時候該藏鋒。

讓出一分空間，換得三分餘地；放下片刻面子，贏得長久信任。這不是委屈，而是處世的高明。只要你持續發光，總會有人發現那顆低頭沉潛卻能撐起局面的你。

在人生這場戲裡，懂得低頭的人，才有機會走到最後，站得最高。

慎防小人，是職場自保的基本智慧

　　林育正是一位在公家機關服務多年的資深主任，待人處事一向公正、直言不諱，在辦公室內頗受後輩敬重。然而，也正因如此，他總是得罪了某些喜歡鑽營的人。有個同事劉啟誠，表面溫文儒雅，實則背地裡喜歡講人閒話、挑撥同事關係，在長官前又是一副殷勤模樣，是公認最難應付的人物。

　　某次專案小組在討論公文時，劉啟誠故意推卸責任，將一件明明自己拖延的作業栽給其他同事。林育正看不下去，當場在會議中說明真相：「責任歸屬應該要清楚，不能把錯誤推給無辜的人。」這一席話讓劉啟誠當場難堪，雖然他當時低頭不語，心中卻暗藏怒火。

　　從那之後，林育正的文件常被延誤簽核，專案推動總是遇到奇怪的阻礙，甚至有人在背後造謠，說他架空主管、圖謀升遷。原本表現優異的他，原本幾乎可確定晉升科長，最後卻被莫名其妙地刷掉，連長官都私下向他透露：「有人在上層不斷放話說你不好。」林育正這才警覺，自己無意間「正義過頭」，觸怒了小人，結果不但事情沒處理好，還反受其害。

　　這不是軟弱，更不是退讓，而是對現實的認知。因為小人不講道理，沒有底線，而你若高調與他對立，恐怕連自保都困難。

第三章　處世有方：讓人際互動更得人心

君子有容，小人無量

真正的君子，是能在被批評時仍保留風度之人。即使意見不同，仍懂得以理服人；即便被誤解，也不會報復相對。而小人則不同，他們記仇、敏感、自尊心強，最擅長在暗處出招。

嘉義一間知名設計公司，曾發生過一件令團隊震驚的事。有位新人小涵，因為長期加班完成難搞客戶的設計案，獲得主管當面表揚。不料，部門中另一位資深設計師邱姐卻從此視她為眼中釘。原來邱姐向來自認是主管的心腹，沒想到功勞被新人搶走，心生妒意。

此後，小涵常莫名被針對，例如設計草圖被偷換版本、客戶回饋被斷章取義轉達，還多次被質疑能力不夠。她幾次試圖說明，卻無人願意相信，甚至有人暗中提醒她：「妳可能踩到人了，這位邱姐以前也讓幾個新人默默離職。」

最終小涵只好另尋出路，但臨走前，她依然沒公開指控誰，反倒感嘆：「在辦公室，與其得罪小人，不如選擇避開。」

與小人保持距離，是一種自保的清醒

人生在世，理想與現實總有落差。固守原則沒錯，但若因此踩中小人心底的地雷，恐怕得不償失。與君子相處，可以求同存異；但與小人交手，卻須步步為營。

不要妄想用誠意換得小人的理解，也不要輕易將真話攤在檯面。他們善於偽裝、擅長扭曲事實，總在你不注意的時候把箭射向你的背後。

所以與其挺身當英雄，不如學會迴避鋒芒。職場如戰場，不必每仗都打，懂得觀察風向、審時度勢，才是真正成熟的表現。懂得保護自己，才能繼續發揮專長，走得穩、走得長。

這不是委曲求全，而是懂得如何在混濁的環境中清醒前行。一念謙遜，可能保住全局；一句話沒說出口，或許就是轉運的開始。與其對著小人硬碰，不如轉身與君子同行。這，才是值得我們學習的處世智慧。

聽信一面之詞，往往自招麻煩

林恩慈在一間婚禮企劃公司擔任助理，剛進公司時，她個性單純，總是對人掏心掏肺。部門主管許副理待人嚴厲又情緒化，讓林恩慈常常備感壓力。某天，公司新來的同事張妍主動找她聊天，語氣關切地說：「妳最近是不是常常被許副理罵？我之前跟她合作也是這樣，被她針對到快崩潰。」

林恩慈聽了頓時感到找到同盟，開始傾吐自己對主管的不滿，還將一些內部細節都告訴張妍，兩人像是結盟似地互相抱怨主管的不近人情。

沒想到不到一週,公司內部突然開會檢討工作流程,會議中主管提出林恩慈幾個明顯的疏失,還點名她「不但工作不力,還在公司散播負面言論」。林恩慈當場臉色大變,回到座位後才知道,原來張妍與許副理私下熟識,是主管找來的人,早已內定升任新專案的協調員。那些抱怨的話,正是她主動套話後轉告主管的內容。

林恩慈一夕之間變成人人避之的對象,甚至被視為「挑撥團隊關係的問題人物」。不到一個月,她主動提出離職。

這段經歷讓她學會一件事:輕信他人、毫無保留地掏心掏肺,是最危險的處世方式。尤其在職場,最忌諱的就是情緒掛帥、毫無分寸地吐露內心不滿,一不小心就成為別人操作的工具。

別把他人的話當聖旨

從事糕餅生意的洪榮發,年輕時也曾經歷過一次「輕信」的挫敗。他原本準備報考教師檢定,某天在拜訪親戚的途中,遇見一名自稱「算命師」的男子,自我介紹說專精星象與命理,看過無數貴人與賢士。那人對洪榮發說:「你命中無教職運,考也考不上,不如放棄,早早投入生意,財運旺得多。」

洪榮發聽完頗受打擊,一度動搖念頭。但父親聽聞後卻說:「命是你走出來的,不是別人說出來的。你真的不想教書,還是只是被嚇到了?」

這句話讓洪榮發重新思考。他決定繼續準備，並全力以赴。兩年後，他如願通過教師檢定，還順利分發到一所國中任教。然而在教學一段時間後，他才發現自己真正的熱情並不在講臺，而是在與人互動與行銷策略上。於是他才轉行接手家族糕餅生意，重新打造品牌，從地方市場逐步做到知名餅店。

這段經歷讓他體會到，命運的確有安排，但真正掌握命運的還是自己。假如他當初就此斷念，可能也錯過了那段自我鍛鍊的黃金時期。

信任可以給，但要有選擇與保留

生活中，確實會遇到熱心建議的人，也可能遇見言語動聽卻暗藏心機的人。關鍵在於：我們不能輕易交心，也不能完全照單全收他人的話。不論對方說得多誠懇、多有來頭，最終仍需自己判斷、反覆思量。

尤其在職場與社交場合，三分話點到為止，七分心藏在內，是一種自我保護的智慧。信任應該建立在時間、觀察與驗證之上，而不是來自對方三言兩語的包裝。否則，輕信的代價，可能是一段關係的破裂，甚至是一場難以挽回的失敗。

不做輕信之人，就是在為自己鋪路。多一分懷疑，不是狹隘，而是成熟；少一點衝動，才能避免誤判。在這個人情複雜的世界裡，小心分辨，謹慎交心，是對自己最基本的負責。

第三章　處世有方：讓人際互動更得人心

懂得分辨，才交得到真朋友

徐怡是一名平面設計師，在設計圈累積多年經驗後，終於決定創業。她將自己原本的案源和人脈整合，開設了工作室，前期一切看似順風順水，朋友們也紛紛祝賀。不過在一片掌聲之中，有一位老同事林智強卻語重心長地提出了幾點建議：「妳工作室命名太像連鎖飲料品牌，Logo 也過於複雜，客戶不見得記得住，而且現在妳什麼都接，沒有市場區隔，會讓妳很快疲於奔命。」

當時徐怡聽了有些不舒服，心想：「別人都說不錯，他卻唱反調，是不是看我不順眼？」於是她不以為意，堅持照原計畫推進。

半年後，徐怡開始明顯感到接案量不穩，品牌辨識度低，也遇到幾個大客戶質疑品牌定位。這才驚覺林智強當初的話並不是潑冷水，而是有遠見的提醒。她主動約了林智強喝咖啡，重新聽了一次他的建議，這次她心服口服。兩人之後成為合作夥伴，林智強也協助她重新打造品牌，讓工作室走上正軌。

這段經歷讓徐怡體悟到，真正的朋友不是總說好聽話的人，而是敢指出你盲點的人。那些願意冒著被誤會風險仍然提醒你的人，才是真正值得交往的益友。

話說得好聽，不代表對你有幫助

許多時候，我們習慣將「讓我開心」的人當成朋友，卻忘了分辨那些話背後的動機。有些人看似親切，每次見面都是恭維和讚美，讓你一時之間飄飄然。然而當你需要真實意見時，他們卻總是模稜兩可，或者乾脆避而不談。

社會上這種只說「好話」的人不少，他們懂得迎合氣氛、討好情緒，但不一定在意你的真正成長。他們可能會默許你的缺點，甚至助長你的盲點。若你不清楚分辨，很容易在一片甜言蜜語中，錯過了自我修正的機會。

真正對你有幫助的人，或許不太會說話討喜，但他們會願意在你自滿時潑一點冷水，在你迷惘時說實話。他們不是來挑你毛病，而是讓你少走冤枉路。若你不想被奉承綁架，就必須學會分辨誰是願意為你負責任的朋友，而不是誰讓你一時開心。

好朋友不一定讓你舒服，但一定讓你成長

真正的友情，不是彼此取悅，而是彼此砥礪。與其被圍繞在一群說好聽話的人之中原地踏步，不如多結交幾位願意誠實指出你問題的朋友。這些人也許不會讓你當下感覺輕鬆，卻能讓你日後感激不已。

能坦然接受忠言,才是成熟與進步的表現;能分辨誰是真朋友,才是處世的智慧。在五花八門的人際關係中,願你學會避開表面熱情,靠近那些真正願意為你著想的人。因為在成長的路上,有益的朋友,是最珍貴的助力。

第四章
心態養成：別讓消極拖垮你

　　人生在不同階段，會隨著經歷與環境，心態有所轉變。而正是這份心態，深深影響著我們做事的態度與結果。擁有良好的心態，就像為人生裝上一把穩固的舵，讓我們在風浪中依然能掌握方向。當困境來臨時，它讓我們勇敢迎戰、不輕言放棄；當誘惑出現時，它提醒我們堅守原則、不偏離初衷；當掌聲響起時，它讓我們保持謙遜、不迷失自我；當獨處面對自己時，它更幫助我們深入了解內心，激發潛能，邁向更高的成就。真正的成長，從調整心態開始。

第四章　心態養成：別讓消極拖垮你

走出低谷，迎向自信人生

　　高中時期的沈婕，總是把自己藏在教室的角落。她從不主動舉手發言，也鮮少參加社團活動。雖然成績中上、外型清秀，但她總覺得自己不夠好，哪裡都不如別人。

　　一次演講課，老師指名她上臺發表，她臉漲得通紅，聲音顫抖，話講沒兩句就倉皇逃下臺。那之後，她的自我懷疑更加嚴重，甚至連同學邀她聚餐，她都以「沒空」為由婉拒。

　　她的狀況被輔導老師發現，開始與她談話。老師說：「妳覺得自己不行，是因為一直在跟別人比，卻從沒真正看清自己。妳知道妳有多會寫作文嗎？比賽時的那篇文章，感動了三位評審老師。」沈婕聽了幾乎不敢相信。

　　從那天起，老師請她每天寫一段「我今天做得不錯的事」。剛開始她苦思許久才寫下一行字，幾週後，卻能一氣呵成寫出十行。那一年，她報名了演講比賽，雖然沒得獎，但卻鼓起勇氣走上了臺，聲音清楚、有力。自此之後，沈婕一點一滴建立起自信，也交了許多新朋友，生活截然不同。

　　自卑不是罪，但若不設法面對，就會像影子一樣，永遠跟著你、困住你。逃避不會讓你變好，面對與轉化，才是走出陰影的第一步。

信心不是天生，是從肯定自己開始

許多人以為，有自信的人是天生就膽子大、有能力，其實不然。自信是一點一滴從「發現自己做得到」中建立起來的。

大學畢業後的黃又勳，曾經因為幾次求職失敗而陷入低潮。他開始懷疑自己的能力，甚至懷疑人生的價值。一次偶然的機會，他幫朋友設計了一份簡報，被對方的主管大力稱讚。這讓他重新審視自己，其實他在設計與企劃方面的能力並不差，只是一直沒被看見。

他決定改變自己，報名進修課程，也開始主動爭取展現自己的機會。後來進入一家行銷公司，逐漸升上主管。他曾說：「我不是從一開始就自信，而是當我願意踏出第一步，發現自己也可以的時候，那股力量就會慢慢滋長。」

不管你現在在哪裡、覺得自己有多不足，只要開始行動，哪怕只是每天讚美自己一件小事，也會慢慢累積起信心。真正的自信，從來不是大聲張揚，而是內心的肯定與篤定。

接納自己，是擺脫自卑的開始

每個人在人生的某個階段，或多或少都會經歷自卑的低谷。這是人之常情，但關鍵不在於是否曾跌倒，而在於你是否願意爬起來、重新了解自己。

第四章　心態養成：別讓消極拖垮你

你可以不完美，但你不能因此否定自己。你可以不如別人，但一定有屬於自己的優勢與價值。真正走出自卑，不是靠別人說你有多好，而是你能告訴自己：「我夠好，我值得擁有更好的生活。」

改變從來不是一夜之間，但只要你願意停止否定、開始接納，未來就有無限可能。記得，別讓心裡的陰影，遮住你原本就閃亮的光芒。

虛榮的甜蜜，只是假象的陷阱

林薇是一位百貨公司櫃姐，外表亮麗、談吐得體，深受顧客歡迎。然而，她內心始終渴望過著明星般的生活。某次同學會，她為了不讓大家看出自己的生活平凡，特地從朋友那借了一個名牌包、再刷卡買下一件高級洋裝。她當晚果然成為眾人焦點，也因放上的照片按讚暴增而興奮不已。

但風光背後是連月繳不出的卡費。為了維持形象，她只好再刷更多卡來周轉，陷入惡性循環。半年後，她的財務崩潰，甚至一度考慮借高利貸。最後還是靠著哥哥幫忙才勉強擺平債務，但名譽、朋友、信用都受損嚴重。

林薇後來才明白，撐場面雖能贏得片刻虛榮，卻無法填補內心的空虛，更換不來真正的價值。她說：「我用半年時間換來

五分鐘的風光,卻差點賠上自己的人生。」

這正是虛榮的真相:一場表面的盛宴,背後藏著無數的代價與空虛。追求虛榮容易讓人失去理性,不僅誤判局勢,更可能傷害自己與他人。

真正的榮耀,不需要裝飾

與林薇相反,沈凱有著截然不同的選擇。畢業時,他放棄高薪外商工作,選擇回家鄉加入一個小型社區營造團隊。外人不解,甚至笑他「志氣高但目光短」,但他一點也不動搖。他清楚自己想創造什麼價值,也知道那些光鮮亮麗的頭銜只是表面。

五年後,沈凱帶領的團隊不僅改造了老舊聚落,還在全國設計競賽中獲得佳績。訪問中他淡淡地說:「真正的成就,不是來自別人看得起你,而是來自你對自己工作感到驕傲。」

榮譽若是空有其表,那就是虛榮。真正的光輝,是能經得起時間考驗,不靠表象裝飾,也不需別人喝采。

回歸真實,走自己的路

虛榮是一種心理陷阱,它會讓你在人前活得光鮮亮麗,卻在背後遍體鱗傷。當我們太過在意別人的看法,容易迷失自我,甚至為了迎合他人犧牲原則與價值。久而久之,不只失去了自由,更會失去自尊與方向。

第四章　心態養成：別讓消極拖垮你

反之，若能從自己出發，誠實面對內心需求，堅持走對的路，就能擁有真正的安全感與尊嚴。不必成為別人眼中的完美，只要成為自己眼中的踏實。

與其追求浮華，不如踏實地累積實力；與其羨慕他人的掌聲，不如靜靜耕耘，讓生命自然開出屬於自己的光芒。虛榮是一場虛無的夢，別讓它遮蔽了你真正的價值與方向。

嫉妒是自我設限的牢籠

林梓恩在一家設計公司擔任資深設計師，工作能力一向不錯，但近來卻愈來愈煩躁。起因是新進同事江芷涵憑藉一個大膽創新的提案，拿下了公司重要客戶，還在例會上被主管讚賞有加。

同事們紛紛鼓掌叫好，只有林梓恩冷著臉，心中暗自不是滋味。他開始挑剔芷涵的細節，背後說她「運氣好罷了」，甚至把自己的舊提案偷偷和芷涵的新案作比較，寄望主管能發現對方「不過如此」。

漸漸地，他的工作品質下降，整日不是抱怨就是防備。主管雖然沒有明說，卻明顯不再倚重他。反倒是芷涵因為持續展現實力，很快升任小組長。

林梓恩後來才痛悟，自己並不是輸在能力，而是輸給了嫉妒。他說：「我把別人的成就當成自己的威脅，結果不是她讓我失去信心，而是我自己。」

這種因他人光芒而產生的不安與敵意，其實常見於職場與人際之中。嫉妒不是不能出現，而是不能任其蔓延。一旦嫉妒成了慣性，它就會像鏽蝕般，慢慢侵蝕掉一個人的判斷與格局。

換個角度看世界，才能解開心結

嫉妒的根源，往往不是別人太優秀，而是我們太容易與他人比較，太容易看輕自己。當別人升遷時，我們想著「為什麼不是我」；當別人獲獎時，我們懷疑「他是不是走後門」。這樣的思考方式，不但無助於自我提升，反而讓人陷入無止境的焦躁與苦悶。

要走出嫉妒的牢籠，首先得明白，每個人都有不同的節奏與舞臺。別人的成功，不會壓縮我們的空間；我們的努力，也不需要踩著別人才能前行。嫉妒只會讓人變得敏感、易怒、甚至失去理性。

若能將嫉妒轉化為激勵，把別人的優勢當作學習對象，嫉妒反倒能成為磨練意志的契機。能做到這一步的人，不僅擁有強大的自我調節力，也更能在群體中贏得尊重。

第四章　心態養成：別讓消極拖垮你

嫉妒是短視的起點，放下才能走得更遠

　　嫉妒是種耗損內在能量的情緒，它讓我們將注意力從自己身上轉移到他人，最終的結果是失焦與內耗。與其嫉妒別人的高峰，不如靜下心耕耘自己的根基；與其在意他人的掌聲，不如專注於自己的節奏。

　　人生不是競賽，也不是舞臺表演，每個人都有屬於自己的路。當我們能誠實面對自己的不足，也欣賞別人的成就，就能一步步走出嫉妒的陰影，活出屬於自己的光芒。放下嫉妒，不只是對他人的尊重，更是對自己的成全。

看見不同，才能走出困境

　　在人生中，我們總會遇見不如預期的事，有些人選擇硬碰硬，結果越陷越深；有些人懂得轉個彎，反而看見了另一片風景。就像畫家作畫一樣，從不同角度看同一個物體，線條、光影和輪廓都會變得截然不同。生活中的問題何嘗不是如此？

　　有一次設計展，一對情侶分別參加了不同主題的創作比賽。女生的作品被評論為「缺乏層次感」，她當場眼眶泛紅，一整天悶悶不樂；而男生的作品也沒得名，卻笑著說：「這次沒中，也算是提醒我下次要試著用不同的媒材。」後來，他嘗試將攝影

與插畫融合,三個月後在另一場比賽中奪得首獎。

兩人遭遇相同,心情卻截然不同。正因為男生懂得「換角度看問題」,才為自己找到突破的契機。而女生一直糾結於原來的框架,最後連創作的熱情都快熄滅了。

有時候,一個困難的問題不見得是絕路,只是你還沒從另一邊繞過去看它罷了。若總是站在負面的位置打轉,再好的機會也會被忽略;但若換個立場重新審視,說不定就會發現新的方向。

心態一轉,世界跟著變寬

蘇珊是門市經理,每天要面對業績壓力、客訴問題、店員流動。她曾因業績下滑被總公司責備,甚至懷疑自己是否不適任。那段時間她變得憂心忡忡,常常一整天一句話也不說。

直到有天她去聽了一場講座,講者分享自己從失敗中學會的事:「當下的困難,其實是生命給你的提醒,要你改變方向。」那句話讓蘇珊有了新的思考。

她回店後不再只盯著數字,而是觀察客人進門的路線、員工的服務動線,並調整商品陳列與排班方式。她主動找員工聊聊每個人擅長的部分,讓團隊發揮所長。三個月後,業績漸漸回升。她說:「我本來一直想從控制中找答案,後來才發現,是我該放下,才能看得清楚。」

第四章　心態養成：別讓消極拖垮你

　　換個角度看待問題，不只是策略的調整，更是內心的一種釋放。當我們不再執著於原有的答案，就會發現，其實還有很多條路可以選。

轉個彎，人生會變得更寬闊

　　當我們遭遇不順，第一個反應往往是抱怨或懊惱，甚至否定自己。但若願意暫停一下，換個角度重新審視，會發現問題不再那麼尖銳，甚至原來只是我們看得太近、太窄。

　　人生就像攝影構圖，不同的角度、光線與焦距，都會產生不同的影像。同樣地，面對生活的挑戰，我們若能調整心態，不被眼前困境綁死，就能找到意想不到的出口。

　　所以，當你覺得眼前風景黯淡無光時，不妨轉個彎，換個角度去看。你會發現，人生從來不只是一條死巷，而是一條條岔路通向更廣闊的可能。正是這樣的選擇，讓生活充滿了彈性與希望。

堅持信念，穿越困境的黑夜

　　人生中最難的考驗，往往不是來自外在的風暴，而是我們面對風暴時的態度。有些人一遇逆境便停下腳步，有些人卻能在崩塌的局勢中看見轉機。真正的差異，不在能力的大小，而

在於是否願意堅持下去。

　　張岳是一位年過五十的園藝師，原本在一家景觀公司工作二十多年，技術穩定、收入也還不錯。誰料公司因投資失敗倒閉，他一夕之間失業，加上老母親臥病在床，生活頓時陷入困境。親友多勸他領取失業補助、先休息一陣子再找工作，但張岳不願停下腳步。他說：「越是困難的時候，越不能讓自己空下來。」

　　他回到鄉下老家，將一塊廢棄的菜園整理成小型植栽基地，一邊種植多肉植物，一邊透過網路學習拍攝與行銷技巧。他把每天種植的過程拍成短影片上傳社群媒體，沒想到吸引了一群植物愛好者的關注，不到半年，訂單開始穩定上升。兩年後，他創立的「岳心園藝」成了地方知名品牌，還受邀參加地方創生市集。

　　張岳曾說：「當我最窮困潦倒的時候，我沒有選擇悲觀，而是選擇了行動，因為我不想讓生活把我推倒，我想親手去拉自己一把。」

轉念之間，絕境不再是盡頭

　　即使是才華洋溢的人，也難免面臨命運的捉弄。音樂教師陳思怡自小學琴，國內外比賽獲獎無數，是眾人眼中的鋼琴奇才。然而，一場意外造成她手部神經受損，從此無法再演奏高

第四章　心態養成：別讓消極拖垮你

難度樂曲。那段時間，她幾乎足不出戶，把自己關在暗無天日的房間裡，認為人生已無希望。

某天，她偶然看到一段影片，是一位失去雙臂的畫家用腳作畫，神情專注且無比堅毅。那一刻她突然明白，人生從來不是非黑即白，只是她把失去看得太絕對了。

她決定重拾音樂，用自己的方式活下去。她重新學習基礎樂理與配器法，轉而投入音樂創作與教育。她將自己的經歷寫成教材，在社群平臺分享「從演奏者到創作者」的心路歷程。後來，她甚至為電視劇寫下主題曲，作品廣受好評。她說：「我的手或許不能再彈出完美樂章，但我的心，依然可以創造動人的旋律。」

正如她所體悟的，人生的意義不是「能不能繼續原來的路」，而是「願不願意開拓另一條路」。

人生的答案，往往藏在你願不願意再走一步的勇氣裡

當命運不再照原計畫運行，我們可以選擇哀嘆，也可以選擇前進。困難從來不是問題的終點，而是成長的契機。若你願意換個視角，堅持一步一腳印走下去，命運總會在轉角處為你預備一條新的道路。

請記住，真正讓人走不下去的，從來不是現實的障礙，而是放棄的心。每個困境，都藏著一次超越的機會；每個失望，

都孕育著重生的可能。當你勇敢挑戰眼前的困難,你會發現,所謂的「盡頭」,其實只是另一段旅程的開始。

總以為不夠,其實早已擁有

小芸原本在一家社福機構擔任行政工作,收入不算高,工作也略顯瑣碎,但環境單純、同事融洽。某次和朋友聚會,聽見他們談起國際企業的高薪職缺與出國出差的機會,小芸內心動搖,覺得自己「是不是也該跳出舒適圈了?」

不久後,她投履歷進入一家外商公司,起薪翻倍、福利看似亮眼,卻也陷入永無止境的會議與績效壓力。她習慣為同事遞杯水的體貼,成了這裡被視為「效率低」的表現;過去週五下午小組茶點的溫馨時光,如今變成連午餐都要邊開會邊吃的節奏。半年後,她的眼神逐漸失去光彩,每天回家癱在沙發上,連打開電視的力氣都沒有。

某天她打開通訊軟體,看到以前社福同事傳來一張大家野餐的合照,背景是熟悉的公園、熟悉的笑臉。她盯著那張照片愣了很久,然後默默關上手機,走進浴室洗掉妝容,望著鏡中的自己,心想:「當初那段安穩的日子,也許才是我真正適合的生活。」

第四章 心態養成：別讓消極拖垮你

學會滿足，不等於放棄夢想

並非說我們不該追求夢想，而是提醒我們，當心自己是否被一種「不甘於現狀」的幻影牽著走。當我們還不懂得欣賞手中的安穩，卻急於抓住未知的華麗時，常會在錯誤的選擇中迷路。知足，不是躺平不前，而是懂得在努力之餘，給予自己一個喘息與感恩的空間。

鄉下的老農民每天早起澆菜、晚歸點火煮飯，家中簡陋，卻滿臉笑容。他說：「我沒什麼財產，但我有乾淨的空氣、豐收的土豆，還有每天都會回來陪我吃飯的老伴，這樣還不夠嗎？」這樣的快樂，是任何數字都無法計算的幸福。

感受幸福，不在擁有多少，而在於知足的心

許多人終其一生都在計算自己還缺什麼，卻忘了回頭細數自己已擁有多少。如果我們懂得將目光從「不足」轉向「珍惜」，才會發現生活其實並不缺少什麼，只是少了欣賞的心境。

知足不是安於現狀，而是懂得生活的節奏。當你懂得在平凡中看見價值，在日常裡體會幸福，那麼即使沒有浮華的成就，也能活得比誰都快樂。人生有兩種重要的計算方式：一種是向前追求，一種是停下腳步去感謝。真正幸福的人，是懂得平衡這兩者，讓心安住當下，也從容走向未來。

真正的強者，懂得按下情緒的開關

曾經有一位旅館櫃檯人員阿勇，工作態度認真，但每天面對來來往往的客人，難免會遇到情緒失控的客訴。有一天，一位旅客因訂房系統出錯，情緒極為激動，不但大聲咆哮，還摔了桌上的資料夾。全場目光投向前臺，大家都在想，阿勇會不會被激怒？

然而，阿勇只是靜靜地站著，耐心聽完客人一連串的指責，然後輕聲說：「我了解您的心情，我們現在馬上處理，看是否能補救，讓您今天晚上安心休息。」旅客愣了一下，情緒竟瞬間軟化，最後還道了歉。

事後，同事問他怎麼能忍住不發火，阿勇笑說：「若我跟著他發脾氣，就變成兩個人一起失控，問題反而更難解決。我寧願選擇讓氣氛冷下來，事情才有機會被處理好。」

情緒的力量若能被妥善引導，它就成為保護自我與化解衝突的利器。面對挑釁時不反擊，不是軟弱，而是一種選擇，是一種深藏不露的成熟。強者不是擊倒對手，而是懂得不被情緒牽著走。

第四章　心態養成：別讓消極拖垮你

靜下來，你才看得到路往哪裡走

有段時間，小琳的生活如打翻的調色盤，工作失利、感情破裂、父親住院，整個人像陷入濃霧裡。她每天失眠、焦慮，感覺一切都失控。直到某天下午，她在醫院走廊無意間望見窗外的老榕樹，陽光從枝葉縫隙灑下，那畫面讓她停下腳步。

她第一次發現，自己已很久沒好好喘口氣。於是，她開始學會每天下班後在公園繞一圈，不滑手機、不聽音樂，只是讓自己安靜地走。慢慢地，她的睡眠回來了，思緒清晰了，面對難題也有了空間重新規劃。她笑著說：「我沒有逃避問題，我只是選擇先讓自己靜下來。」

生活中常常是這樣，越急越亂、越慌越錯。當你願意讓心停一下，不急著反應、不立刻決定，你會發現混亂中其實藏著轉機。許多問題，並不需要更多動作，而是需要更多靜默與思考。

靜心是一種選擇，也是一種能力

我們無法掌控世界的紛擾，但我們可以決定自己如何回應。當外界一片嘈雜，不代表你也得跟著起舞。靜下來，不是逃避現實，而是為自己騰出一個更有力量的位置。當你能夠不急著反應、不被怒氣推著走，你就已經贏了一半。

寧靜，不只是心情的沉澱，更是一種高度。真正有智慧的人，不是什麼都不碰，而是懂得什麼時候該停、該靜。你愈能

安靜，世界就愈不容易把你帶偏；你愈懂得靜下心來，就愈容易聽見自己內在真正的聲音。

所以，當你下次覺得焦躁、憤怒、煩亂，不妨先深呼吸，讓自己靜三秒。你會驚訝地發現，原來風暴之外，真的有片海是屬於自己的平靜天地。

第四章　心態養成：別讓消極拖垮你

第五章
立即行動：
跨出成功的第一步

　　光有夢想卻不付諸行動，終究只是空想，無法化為現實。這個世界從不會因為你心裡想做什麼就給你回報，它只會根據你實際做了多少、付出多少，來決定你該得到什麼。許多人總是在計畫中徘徊，在猶豫中蹉跎，結果錯過了一次又一次的機會。真正的成功從不會自動找上門，而是屬於那些敢於邁出第一步、堅持到底的人。只有當你真正行動起來，夢想才會開始有實現的可能。

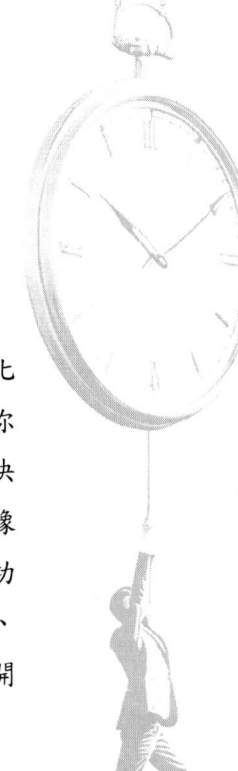

第五章　立即行動：跨出成功的第一步

想得遠，不如走得穩

在嘉義長大的林語恩，大學唸的是設計系，畢業後卻進了科技業當行銷助理，日復一日處理報表與KPI，讓她漸漸對生活失去熱情。她曾和朋友談起夢想：「如果有一天能在老家開一間繪本書屋，應該很棒吧！」朋友聽完只是笑笑說：「聽起來不錯，但哪有這麼容易？」

這樣的念頭，她放在心裡五年。直到一次下班途中，她看見一處廢棄老屋正在出租。那晚，她輾轉難眠，內心那股想法再也壓抑不住。第二天，她請假跑去看屋，老舊的牆面、斑駁的木窗、塌陷的天花板，在她眼裡卻充滿無限可能。

語恩回家後開始盤點存款、查詢補助、設計空間配置，她知道光有想法不夠，要實際規劃、親自動手才有機會。白天上班，晚上畫設計圖、寫提案、看書挑繪本，假日就請家人一起幫忙整理場地。她不懂建築結構，就找在地水電師傅請教；不會修復家具，就上網找教學影片自學。

經過半年努力，書屋開張了。她自己設計招牌、策劃展覽、辦親子說故事活動。第一年賺得不多，但她咬牙撐住了。三年後，這家原本不起眼的巷弄書屋，成了在地親子熱門去處，還登上了幾本旅遊雜誌。

語恩常對來訪的學生說：「不要只想要開書店，要去搬書、刷油漆、寫企劃、補資金。光想沒用，要做了才知道自己能走多遠。」

困難不會少，踏出去就會有路

黃俊宏是一所高職的烹飪老師。他教書多年，對飲食文化有濃厚熱情，總夢想有天能打造一個「家鄉味食堂」，專賣各地阿嬤手路菜。但這個念頭他壓抑了十幾年，因為他不是創業家，也不是廚藝名人。

某年暑假，他陪學生參加廚藝比賽，看到學生端出的客家鹹豬肉、原住民美食、北部粽時，他忽然覺得，是時候了。比起只教學生做料理，他更想讓這些味道被更多人看見。回家後他寫了一份簡單企劃，拜訪在地幾家文創空間提合作提案，一開始吃了不少閉門羹。但他沒退縮，反而愈挫愈勇，不停修正計畫。

兩年後，「家鄉味食堂」終於開張。他邀請學生與在地媽媽共煮、共學，店裡除了菜單，還有故事。每一道菜旁邊都標示著它來自哪個家庭、哪個阿嬤。店小、利潤薄，但那不是重點。他要的是讓這些味道有機會活著，讓學生知道創意也可以從地方文化長出來。

有人問他：「這條路這麼難走，你怎麼敢開始？」他淡淡地

第五章　立即行動：跨出成功的第一步

笑說：「怕難就什麼都不會開始。做了，才會有人跟上；走了，才會知道哪裡該轉彎。」

實現夢想，從敢行動開始

許多人一生懷抱夢想，卻因為猶豫、害怕、拖延而停在原地，最後成了「當年我也想過要⋯⋯」的人。好點子人人都有，但願意落實、持續行動的人，才是真正靠近成功的人。

每一個看似遠大的計畫，背後其實都是一連串小行動累積而成。不管是一張企劃書、一通打給陌生客戶的電話、一場與資源方的面談，只要你願意開始，就離實現又近了一步。千萬不要等「準備好」，因為永遠不會有一百分的準備時刻。開始做，就對了。

成就來自腳下的步伐

在大學畢業的十週年聚會上，許多人帶著成就與懷念而來。其中最受矚目的，是一位名叫楊志明的老同學。他穿著得體、舉止得宜，話題從區塊鏈講到元宇宙，再跳躍到近年企業管理趨勢，講得口沫橫飛，大家聽得津津有味。有人問他：「你現在在哪家公司任職？」他卻哈哈一笑：「我正準備創業，在做前期市場調查啦！」

幾年過去，曾經說要打造跨國平臺的志明仍在「籌備」階段。反觀另一位同學林語柔，當年默默無聞，如今已創立自有品牌，專做環保材質商品，雖然規模不大，卻穩定經營，已進駐多家通路。

志明的問題不在於沒有想法，而是從來沒讓那些想法落地。他總說等時機成熟、等資金到位、等人脈建立，但事實上，他只是不願動手去開始。語柔卻是一步步用行動寫下她的進展，她或許不善言辭，但每一項業績、每一筆訂單，都是她用汗水和時間換來的成果。

這世上不是缺乏夢想，而是缺乏願意付出實際行動的人。光說不練的夢想，不過是紙上的空話；而再微小的實踐，都是邁向成果的起點。

做出來的，才叫本事

小康性格低調，但總能在團隊陷入技術瓶頸時提出實際解法。有次，公司準備參加一場創新科技比賽，其他人討論得熱烈，想法紛飛，但真正願意熬夜畫圖、寫程式、調整模型的，還是小康。

比賽當天，他的產品雖然不是最浮誇、最吸睛，但卻是少數能真正運作且穩定的專案，最後奪下了實用技術獎。評審說：「點子人人有，但把點子做出來的，才是真英雄。」

第五章　立即行動：跨出成功的第一步

這正是實作精神的價值所在。那些表面話說得好聽、意見一堆的人，也許在開會時風光無限，卻無法獨立完成一項專案。反觀真正值得信賴的夥伴，是願意在深夜裡一行行除錯的那個人，是一早來公司幫忙搬器材、默默支援的同事。

不論在哪個領域，老闆信任的不是會說話的人，而是肯負責、能解決問題的人。誠懇的態度與腳踏實地的行動，才是真正能開出結果的種子。

行動讓夢想落地

世界上沒有什麼想法是絕對天才，也沒有哪條路一定注定失敗，重點在於你願不願意用時間和行動去嘗試。真正的實作精神，是不怕做不好、不怕從頭來過，而是不斷調整、持續前行。

與其把時間浪費在空談和抱怨中，不如踏出一步。只要你開始動手、願意負責，哪怕每次只完成一小步，也遠比什麼都不做來得有價值。那些曾經默默努力的日子，終將在某個時刻開出成果，讓你知道，行動從來不會背叛你。

別再光說未來有多偉大，起身做點什麼，才是真正接近夢想的開始。

關鍵時刻，抓住機會就是勝利

　　初入職場的昕庭是一名平面設計師，她工作認真，對設計也很有想法，但總是默默無聞，埋首在電腦前完成各式業務委託，從不主動表達。設計總監曾經私下對主管說：「她的作品不錯，可惜缺了點火花。」

　　直到某天，公司要提案一個新產品形象設計，主管隨口問：「有誰願意試著做個初稿？」會議室一片沉默，大家心裡都盤算著壓力與風險，沒有人舉手。昕庭看了看手上的草圖，鼓起勇氣說：「我想試試看。」一週後，她將完成的提案交上，不僅獲得客戶青睞，也讓總監第一次主動對她說：「很好，我看到妳的潛力了。」

　　從那天起，昕庭被安排參與更多重要的專案，也有了發表的舞臺。她後來回想：「其實我只是比平常多了一點勇氣，但沒想到那一瞬間改變了我整個職涯的路線。」

　　機會經常是沉默中出現的。它不會敲鑼打鼓，也不會反覆等你準備好。如果昕庭那天沒有舉手，也許她就會繼續待在角落裡默默工作，而她的設計才能，也將被埋沒在日復一日的例行任務裡。

第五章　立即行動：跨出成功的第一步

猶豫，是時間最危險的敵人

創業青年阿哲從小便對機械設備充滿興趣，退伍後，他存了一些錢，原本計劃開一間小型維修工坊，但遲遲未行動。朋友提醒他：「現在很多機行設備老舊，如果你敢做，搞不好有機會喔！」

阿哲心動了，但也擔心資金不足、經驗不夠，就這樣過了一年。後來，他發現同村另一位朋友在鄰鎮開了修理廠，而且生意蒸蒸日上。那位朋友說：「當初我也沒把握，但我想先試試看，結果就一點一點做起來了。」

阿哲悔不當初。他不是沒有想法，也不是沒有條件，只是習慣性地拖延、猶豫，錯過了屬於他的黃金時機。他後來才明白，有些事錯過了，再努力也只能追在別人後頭。

思考當然重要，但過度分析只會讓我們停滯。行動雖然有風險，卻也才有可能產生改變。當你還在猶豫「該不該」時，別人已經走出第一步，在實踐中調整方向，在錯誤中摸索出機會。

機會不等人，唯有行動能掌握命運

每一次心動都是訊號，提醒你一個可能改變現況的機會正悄悄靠近。如果你不及時回應，它很快就會溜走，再也不回頭。成功者與失敗者之間，差的往往不是能力，而是誰在關鍵時刻敢於出手。

不必等到萬事俱備才行動,那樣的機會幾乎不存在。開始行動後,你會逐漸看清方向,也才能修正錯誤、突破瓶頸。記得,思考能讓人更聰明,但行動才能讓人更強大。當你決定抓住機會的那一刻,勝利也就開始向你靠近了。

穩扎穩打的人,最後走得最遠

在快節奏與競爭激烈的社會中,我們太習慣追求「一夜成名」,常常忽略了所有偉大的成果背後,其實都來自於無數平凡日子的累積。那些在一開始就只想等著豐收的人,往往忽略了最基本的事實——如果不先播種,再多的幻想也無濟於事。

文謙是一名外送員。他不像多數人一樣只是為了賺錢而工作,而是用心觀察、主動調整,力求把每一份餐點都送到客人手中時仍是最好的狀態。他會自費添購保溫袋,依天氣準備雨具、防晒,甚至熟記每位長期顧客的飲食習慣與送餐偏好。

有次,一位經常訂餐的顧客突然不再下單。文謙主動發訊息問候,才得知對方生病住院。他並沒有停止關心,而是在對方出院那天,親自送上一份簡單的健康餐與一張手寫卡片。那位顧客後來在社群媒體公開分享這段經歷,並推薦他給自己任職的餐飲企業合作。沒過多久,文謙便獲得了穩定的大宗配送合約,也開始經營起自己的外送團隊。

第五章　立即行動：跨出成功的第一步

如果文謙當初只把這份工作當作臨時過渡，他可能早已換了跑道，錯過了發展的機會。他能翻轉命運，靠的不是運氣，而是從一開始就把小事做到極致的決心。

每一步都算數

另一個故事發生在高雄，一名名叫李成的青年，自幼生活在困苦環境，家中時常爭吵，學業表現也不突出。高一那年，他的體育老師帶他們進行一項平時很少接觸的項目——鐵餅。他原本只是湊數參加，沒想到第一次投擲竟比全班還遠。

這個意外的突破點燃了他的信心，他主動要求留下來加練。即使沒有多餘的裝備，也沒人特別指導，他還是每天自己訓練。練了一整個暑假，他的體能和身形發生了顯著變化。

但就在高三時，他因肩傷被迫中止訓練，夢想瞬間停擺。他無奈地投入打工維生，在工廠打雜。不料某日，一家劇組剛好在工廠取景，導演對他的身材與神情產生興趣，邀請他試鏡。從此，他踏入影視圈，從臨演、指導一路做到副導演，最終成為具代表性的紀錄片導演。

他在一次訪談中說：「我早已放下田徑夢，但那段訓練養成的紀律與耐力，讓我在片場也能堅持到底。」

人的一生或許會經歷許多「偏離預期」的時刻，但那些看似無用的努力與經歷，常常在未來的某一刻發揮巨大作用。

一步一腳印，才能踏出自己的路

每個人都嚮往成功，但真正能抵達的人，往往不是起點最快的，而是那個從不怠慢每一步、無論高低起伏都能穩步前進的人。踏實，不只是表現在努力，更是一種信念——相信當下的每一分投入，終將在未來開花結果。

無論你現在正在從事什麼樣的工作，是否被看見、是否被賞識，都不要放棄把它做到最好。因為，成功從來不是某一刻的爆發，而是無數次選擇不放棄、繼續前進的累積。

唯有如此，當機會悄悄來敲門時，我們才有資格打開它，迎接屬於自己的光亮時刻。

真本事是做出來的，不是說出來的

有些人習慣用話語堆疊形象，總是慷慨激昂地對他人指指點點，卻從不親自動手。他們把責任推給團隊，把功勞攬為己有，以為指導就是指令與架勢。然而，真正讓人信服的，從來不是「你說了什麼」，而是「你做了什麼」。

有一次，在推動一項大型都更計畫時，現場出現了交通瓶頸，施工團隊遲遲無法搬動一塊擋道的重型隔板。監工現場氣急敗壞，不斷吆喝工人調整角度、使力搬移，自己卻站在原

第五章　立即行動：跨出成功的第一步

地。當時正巧一位戴著安全帽、穿著工作背心的人默默走近，也不聲張，直接加入抬板。幾個人一同使力，才總算將隔板順利移走。

工人們才驚訝地發現，那人竟是主管。事後主管只淡淡說：「我不是來檢查，是來幫忙的。」這一句話沒有多餘語氣，但卻讓在場每一位人員都心服口服。

比起口號與指令，一個領袖真正的力量，是能與人並肩、在現場用行動證明他值得跟隨。真正有能力的人，不必強調權威，只用態度與實幹讓人自願效命。

認真做事才有改變的可能

從前有個青年阿誠，在網路上小有名氣，經常發表創業想法、生活觀點，也常評論別人的經營方式。他的追蹤數不少，朋友都稱他「點子王」。但十年過去，他的點子從沒真正落實過，他仍是打工維生，口袋比誰都空。

另一位他的同學小嶽，則選擇默默無聞地經營一間二手書店，從網拍做起，後來租下街邊小店，一邊進修書籍修復的技術，一邊推廣閱讀習慣。他從不喧嘩，只是在小事上一步一腳印地深耕。

十年後，小嶽的書店成為文青熱門據點，還接下國家圖書館修復古籍的專案。媒體專訪他時，他只說：「我不會講太多，

我只是一直做。」

阿誠看著新聞,終於沉默。原來那些年他講的每一句「如果是我,就會……」都沒能換來一點實質改變;而那位當初只說一句「我先試試看」的同學,早已走在他羨慕不來的高度。

行動,是唯一不會說謊的語言

我們常以為,想得多、說得多,代表自己在前進,但其實行動的缺席,才是真正的原地踏步。許多人困在夢想的藍圖裡,畫得漂亮卻從不動手蓋地基,最終只能眼睜睜看別人築成高樓。

再好的策略與願景,如果不親自落實,只會成為紙上談兵。而一個願意彎下腰、捲起袖子、從零開始的人,即使慢,也一定會有進展。

與其讓語言替自己塑造形象,不如讓行動去定義你是誰。真正值得敬佩的,是那些不張揚、不誇耀,卻始終不斷努力的人。他們少說話,但一步一印地寫下自己的價值。

所以,不必再等下一個想法、不必再尋找更多藉口。你要的成果,就藏在那第一個踏實行動的當下裡。真正的改變,不是你說出口的理想,而是你做出來的每一件事。

第五章　立即行動：跨出成功的第一步

想得再多，不如起身去做

在一場競賽中，評審邀請各地年輕設計師提交作品。來自各地的投稿多達數千件，概念天馬行空，有些甚至提出改變城市樣貌的未來藍圖。當眾人都忙著用炫目的圖紙與空想說服評審時，有一位設計系學生林宥成，選擇了一條最不起眼的路：他用紙箱、回收木材搭建了一個可摺疊的街邊小書屋，真的把它拖到巷口去實地運作了兩週，還收集了民眾的使用回饋。

當所有人站在臺上展示 PPT 與模型時，他只帶著一疊拍攝紀錄、測試問卷與實品模型。起初，評審對他的簡陋設計興致缺缺，但聽完他的現場數據分析與改良過程後，全場開始安靜下來。最後，他獲得了評審團獎與媒體特別獎。

比起紙上藍圖，真正能觸碰人心、落地實作的創意才真正可貴。再完美的構想，如果沒有踏出那一步，一切都只是空想。林宥成沒說自己多有夢想，但他做出來了大家沒做的事。

不做，你永遠不知道你行不行

幾年前，咖啡師張孟哲常跟朋友討論「要是我們有一家自己的店」，甚至為此設計了菜單、室內風格、品牌理念，每次談起來都眉飛色舞。但計劃了多年，一步都沒實際啟動。

與他一起談夢想的朋友小蕙，則默默開始在夜市擺咖啡

攤,頂著油煙與風吹雨淋,自己煮、自己推車、自己賣。她說:「再怎麼樣,我先把第一杯賣出去再說。」

三年後,小蕙有了自己的實體店,還開起第二間分店。反觀張孟哲,仍在每個週末下午說著他理想中的第三版店面設計。

夢想從來不值錢,行動才是唯一能兌現夢想的貨幣。失敗不是問題,最大的遺憾是,你永遠不知道如果真的去做了會有多遠。

空想家的問題不是想太多,而是「只想不做」。他們經常陷在「等我準備好就會開始」的循環裡,最終連起跑線都沒踏上。這就像有人參加馬拉松,卻在原地反覆綁鞋帶,等大家都跑回終點了,才說:「我今天鞋子不夠好。」

真正的進展,從來只留給那些肯走出去、肯出錯、也肯重來的人。

該做的事,就別再猶豫

我們總被教導「先計劃才能成功」,卻很少有人提醒我們:「行動才會推動計畫。」人生中很多好機會,不是你想到了就會出現,而是你做了以後才發現原來你可以做到。

想要當主角,你得先願意上場。沒有人因為「曾經很會想」而成功,但很多人,都是從「只是先去試了試」而開始了不凡的旅程。

第五章　立即行動：跨出成功的第一步

你也許不確定這一步會不會錯，但不跨出來，永遠無法知道會不會對。成功不是等來的，是做出來的；做了，才會有結果。你不是缺想法，你只是還沒開始行動。現在，就是時候了。

不為討好，只為成就自己

在一間出版社裡，編輯助理林珊珊是最不起眼的存在。她不是名校畢業，也沒有耀眼的實習經歷，但卻總是第一個到辦公室、最後一個離開。每天編輯交代的稿件校對完後，她還會主動幫忙整理封面資料、校對排版說明，甚至時不時幫忙打掃茶水間。

同事常笑她太認真，她總是輕描淡寫地說：「只是順手而已。」

某次，公司臨時接到一本重點出版的緊急任務，幾位資深編輯無法支援，總編便讓她嘗試主責初稿內容的統整與校對。原以為她撐不了幾天，沒想到她不僅準時完成，內容甚至遠超標準。之後她被破格升任為正式編輯，還參與了多本暢銷書的製作。

林珊珊的成長沒有什麼戲劇性轉折，只是在每一件小事上多做一點，不計較、不張揚，久而久之，她的名字開始出現在重要企劃中，而她也從不起眼的助理，成為出版社的中流砥柱。

多做一點,不是為了贏得喝采,而是給自己多一點歷練與機會。這世界從不缺聰明人,真正少的是願意默默付出的人。

那一點點,其實差很多

經營咖啡車的業者王志宏,曾被電視節目採訪。他沒有資源,也沒人脈,每天在市場擺攤,風吹雨淋、寒暑交替從不缺席。他堅持手工現煮、不使用濃縮液,還會在每杯咖啡杯套上寫一句親筆手寫的問候語。

有一次,有位客人因為心情不好隨口問:「今天有開心的話嗎?」王志宏笑笑地說:「今天有你來,就是好事一件。」這樣一句話,讓那位客人默默在網路上寫了長文感謝他的溫暖。

幾個月後,這篇文章被轉載無數次,他的咖啡攤成了熱門打卡點,甚至吸引合作邀請開設實體店面。他說:「我做的事情其實很普通,只是每天多做一點點,再多一點點。」

一杯咖啡的差異,也許就在那句溫暖的話、那一秒鐘的眼神交流上。多一點點的努力,看似微不足道,但長久下來,卻足以改變整條人生軌道。

一點點,會累積成很大一塊

人生不是靠大動作驚豔世界,而是靠每天小小的努力堆疊出來的。你早起一小時,也許能多看一本書;多學一項技能,

第五章　立即行動：跨出成功的第一步

也許能多一個機會；多一點體貼，也許就讓你被人記住。

成功者與平庸者的距離，常常就在「那一點點」裡被拉開。那些在清晨醒來多練一圈的人、在工作中主動接下一項任務的人、在他人放棄時還堅持的人，或許只是多走一步，但也因此早了一步抵達終點。

如果你覺得自己好像還沒被看見、還沒站上舞臺，那就從現在起，讓自己每天多做一點點。別小看這一點，它是日後你被記得、被提拔、被信任的理由。每天多給自己一點成長的空間，未來就會多給你一點回報。成功不會主動找上你，但你可以一步步走向它。

成功不靠想像，是靠踏出的那一步

在一間跨國物流公司裡，有位年輕員工叫林育軒，是基層的倉儲人員。起初他對職涯毫無方向，只覺得日復一日搬貨、整理、登記枯燥無味。但他觀察到，每次主管巡倉時，總對記錄詳實、倉區整潔的同仁另眼相看。於是他不再只是完成基本工作，而是主動調整物品擺放順序、用不同顏色標記易損物件、甚至還自學了報表系統簡單輔助記錄。

一開始，沒人注意他的努力，甚至有人嘲笑他「做多錯多」。但沒過幾個月，突逢倉管系統改版，主管為找熟悉流程又懂操

作的同仁而煩惱時，林育軒的名字成了最佳選擇。他因此被提拔為管理助理，還受派參與全區倉儲數位轉型計畫。

林育軒的升遷不是來自一場面試或一次考核，而是從日常工作中一次次主動的行動。目標不是憑空許願來的，而是靠每一步的前進累積出來的。他沒有天生的優勢，也沒等貴人提拔，而是先開始行動，再走出自己的機會。

如果當初他只是羨慕別人升遷、埋怨主管沒看見他的努力，那麼今天的他，仍只是每日輪班搬貨的倉儲小員工。

熬得住，就走得遠

自學木工的青年阿哲，從網路影片學習製作家具。剛開始他用最簡單的工具，做出來的桌椅不是歪了角、就是裂了縫。他朋友笑他瞎忙，家人也叫他去找份穩定的工作。他卻堅持每天製作一樣家具，晚上就花時間拍照、剪影片、上架網路商店。沒多久，他的作品因為細節真誠、設計簡約，在網路上獲得不少關注。

三年後，他的木作品牌入選文創展覽，還接到一家設計旅店的大量訂單。他說：「我的成功不在於我有多厲害，而是別人還在猶豫時，我早就做起來了。」

與其在那裡想「我要不要開始」、「做這個會不會成功」，不如一腳踩下去，開始做再說。只要一開始動起來，你就已經比

第五章　立即行動：跨出成功的第一步

還沒動的人走在前面。成功不是想出來的，而是做出來的。

很多人會被目標嚇倒，覺得太大、太遠。但其實，最遠的距離不是從起點到終點，而是「想做」到「去做」之間的那一步。踏出去，也許會跌倒，但不踏出去，永遠只會原地踏步。

啟動人生，就從現在開始

不論是搬貨員、木工匠，還是作家或藝術家，他們能被看見、被尊敬、被成就，從來不是因為擁有一個偉大的夢，而是因為他們願意從日常裡一點一滴地實踐。成功沒有捷徑，但有路徑。而這條路的起點，就是當你捲起袖子、真正開始行動的那一刻。

不論你現在在哪個位置、面對多大的困難，永遠記得：成功不會自動降臨，但行動會逐步接近它。哪怕只是今天比昨天多寫一頁、早起半小時、學會一項技能，那都比空想更有價值。

別怕自己現在還做不到，只怕你永遠不開始做。因為真正的差距，不是夢想的大小，而是誰敢先開始。行動，就是你邁向成功的唯一鑰匙。

第六章
職場習慣：
攜手合作才能共贏

　　每個人都有自己的習慣與做事風格，但在一個團隊裡，若希望整體運作順利、朝共同目標前進，就必須適時調整與改善那些不利於合作的不良工作習慣。良好的工作氛圍來自每個人的體諒與配合，而非各自為政。唯有放下固執與自我，學會傾聽與協調，才能在分工中互補，在合作中成長，進而凝聚團隊力量，實現彼此共贏的理想。

第六章 職場習慣：攜手合作才能共贏

分享成就，才能共贏

春天來臨前，森林音樂學校要舉辦一年一度的師生合奏會。這場合奏會由小提琴、長笛、大提琴、打擊樂等不同樂器組成，演奏的是一首改編自四季交響樂的現代曲。指揮老師安排每位學生根據能力擔任不同聲部，有些學生擔任旋律主體，有些則擔任背景節奏與過場。

在其中，一名擅長拉奏高音小提琴的女孩名叫昕雅，雖然被分配到旋律支線，但她卻自覺才能不容埋沒，排練時經常偷偷加重音或改變節奏，甚至在某次排練中自行拉起旋律主線，與主奏聲部產生衝突，導致整體演出混亂。

指揮老師當場中斷練習，並耐心提醒她：「音樂不是一個人的獨奏，而是整體的交響，真正的高手懂得讓自己的聲音恰到好處地融入其中。」

雖然昕雅一開始不以為意，但在之後的一次小組練習中，她被安排聆聽自己過去的演奏錄音，才驚覺自己的突出其實干擾了整體和諧。她慢慢開始學著調整音量與節奏，反而讓她的技巧與音樂感被更精準地展現出來。最終那場合奏演出完美落幕，她也在團體表現中獲得了掌聲，而非單靠自我發揮。

想獨占成功，往往會反失一切

陳以中與高浩文是共同創辦文創品牌的好友，陳以中擅長品牌包裝與通路經營，而高浩文則負責設計核心商品。品牌初期營運困難，兩人分工明確，甚至常親自到市集販售推廣。

幾年後，品牌因為一項熱賣商品打開知名度，陳以中開始認為市場拓展是自己一手做起，要求擁有所有決策權，並逐漸排除高浩文的參與，甚至將商品設計歸為公司財產，完全未考慮原創者的權利。

高浩文感受到被邊緣化後選擇離開，並自行創立新品牌，短短一年內以創新設計再次獲得關注。失去設計靈魂後的原品牌逐漸式微，陳以中也陷入內部糾紛與品牌定位模糊的困境。

這件事最後成為創業圈的反面教材。原本互信的夥伴，若不能公平分享成果與尊重彼此角色，終將走向分裂。沒有「你中有我、我中有你」的心態，再大的事業也無法長久。

成功不是一個人的功勞，而是彼此扶持的結果

一個團隊能否長久發展，取決於成員是否願意彼此支持與共享榮耀。不論是在校園、職場，還是創業旅程中，「合作」不是口號，而是具體行動的落實；「成就共享」不只是禮貌，而是長遠信任的根基。

第六章　職場習慣：攜手合作才能共贏

真正成熟的合作者，不會獨自享用勝利果實，而是懂得在勝利時回頭握住彼此的手。因為再厲害的個人，也無法獨自完成一場合奏；而能與人分享成果的人，才是真正值得信賴的領導者。讓我們記住：當一個人願意分享成就，他才能擁有更大的舞臺與更長久的掌聲。

合力才能創造奇蹟

現代社會節奏快速，沒有人能靠一己之力撐起整個舞臺。不論你身處何種產業、肩負什麼角色，若缺乏團隊合作的精神，不僅事倍功半，更可能在競爭中被淘汰。真正優秀的工作者，總懂得在合適的時機向他人伸出援手，也樂於接受夥伴的協助。因為唯有彼此支持，才能創造出超越個人極限的價值。

曾有一所山區小學舉辦全校接力賽，參賽的孩子們年齡不一，有的跑得快，有的體力差。最初，各班只讓最快的學生擔任主力，結果有的班級前段領先，後段卻出錯落敗。反而是一班看似平凡的隊伍，安排速度不同的學生互相搭配，並特別指派跑得快的同學負責協助隊友穩住節奏，結果竟然拿下了第一名。

他們靠的不是單一明星選手，而是一整個團隊的協調與信任。這讓老師與家長深受感動，也成為該校團隊合作精神最佳的教材。原來，「我們」的力量，遠比「我」強大得多。

職場也是如此。越是分工細緻、節奏緊湊的產業,越仰賴團隊之間的默契與補位。若有人只顧自己、不肯配合,工作流程便會中斷,最終拖垮的不只是績效,還有彼此間的信任。唯有主動參與、互相協助,才能讓整個團隊發揮出最大的效能。

接受角色安排,就是對團隊的尊重

許多人總在意自己是否被安排在「最關鍵」的位置,若未被重用,便心生怨氣,甚至抱怨團隊不識貨。但事實上,每個角色都有其獨特價值,而能否勝任關鍵不在職位高低,而在是否盡責。

在一場校園音樂劇中,有個學生原本渴望擔任主角,卻被安排做幕後音控,失望之餘幾乎想放棄。但老師耐心地說:「你負責的,是讓整場表演順利進行的關鍵聲音,沒有你,主角再出色也會變成笑話。」

他聽進去了,從那天開始投入學習音控技術。結果當晚演出大獲好評,燈光與音樂配合得天衣無縫,幕後的他成了最關鍵的推手。從那之後,他才真正明白,團隊中的每一個崗位都值得驕傲,只要盡責,就是團隊中不可或缺的一員。

這樣的故事,也常見於企業中。無論是執行員工還是策略幕僚,只要彼此尊重並發揮所長,整體績效就能攀上高峰。缺乏合作的組織,很快就會因內部拉扯而崩解,甚至在關鍵時刻功虧一簣。

第六章　職場習慣：攜手合作才能共贏

團隊，是理想最堅實的後盾

真正成功的團隊，不僅是工作的場域，更是實踐理想的起點。在那裡，我們不只是完成任務，更透過彼此扶持、共同奮鬥，找到了信任與成就感。團隊中的默契與情感，就如同同舟共濟的夥伴，讓我們即使面對挑戰，也能無懼前行。

就像船在水上航行，船身是否穩固、方向是否正確，都仰賴船員的通力合作。當你願意把團隊當成共同奮鬥的家，而非臨時的工作場所，你將會在其中開出屬於自己的花朵，也將在與他人共享成果時，感受到最純粹的喜悅。

所以，千萬別輕視合作的價值。因為當你學會在團隊中找到自己的位置，並主動貢獻時，你不只是實現自己的理想，更為整個團隊點燃了希望的火光。真正的成功，不是自己發光，而是點亮彼此，一起照亮遠方的路。

團隊的力量來自同心協力

深秋時節，一支熱氣球跨國探險隊準備從摩洛哥出發，橫越撒哈拉沙漠。這支隊伍由飛行員、氣象學者、攝影師、醫護員與後勤人員組成。為了安全，每日的路線與氣流必須依靠即時資料調整，而這一切都仰賴各部門的密切合作。

起初，隊上的資深攝影師傑夫堅持按照自己的拍攝節奏調整熱氣球高度，幾度與飛行員意見不合，甚至干擾氣象專員的預測。這樣的獨斷行為，導致探險隊有兩次差點錯過最佳氣流帶，險些被迫中止整段航程。

　　隊長隨後召開會議，讓所有人一起重整任務分工與溝通流程，傑夫才意識到：單靠自己的專業並不能保證任務成功，反而可能拖累整個團隊。他在接下來的行程中主動與飛行員協調好時間點，並與氣象組保持聯絡，終於拍出驚豔世界的沙漠全景，也讓這次航程創下橫越沙漠最短時間紀錄。

　　這次經歷讓整個團隊深刻體會到：「各自專業固然重要，但唯有融合彼此的節奏，才能走得遠、走得穩。」

分享榮耀才能成就未來

　　在一間新創公司，一項跨部門產品開發計畫歷時半年終於推出。這項 APP 結合智慧監控與即時警報功能，成功獲得國際媒體關注。負責後端技術的工程主管林書丞，在記者發表會上被指名為主要功臣。

　　他當下卻主動指出：「其實我們的設計組畫出了使用者最直觀的操作邏輯，行銷部也幫我們打開了國外的市場，我只是讓這些構想順利實現而已。」

　　林書丞的發言不只讓同事感動，也讓公司高層更看見這個

第六章　職場習慣：攜手合作才能共贏

團隊背後的真實價值。因為他的謙遜與團隊意識，後來在職位調整時，他被提拔為整個產品部門的協調總監，帶領更多專案團隊持續創新。

榮耀的分配往往是團隊合作中最敏感的課題，能主動分享成功的人，才是真正成熟可靠的合作者。他們不是少了野心，而是懂得：唯有讓每個人都感受到貢獻的價值，才能形成長久穩定的合作。

好的團隊從來不是一個人的舞臺

現代職場中，沒有人能單憑一己之力完成所有任務。一個人的成就若無法與團隊共榮，終將是曇花一現。每個人都像是機器中的齒輪，只有互相咬合、同步轉動，才可能驅動整體效率。那些懂得分享榮耀、願意協調溝通的人，才是讓團隊不斷邁向卓越的核心力量。

不管你在職場中是主角還是配角，唯有放下個人英雄主義，學會合作、溝通與體諒，你才能真正與他人並肩作戰，朝著更遠的目標前進。真正完美的團隊，不是最強者的舞臺，而是彼此成就、共創佳績的所在。

靜下來，才看得清遠方

　　適時的停頓，是為了走得更遠。現代人多半習慣用「忙碌」填滿每一天，彷彿不忙就顯得沒價值。但事實上，過度投入不代表高效，不休息反而更容易跌進倦怠與疏失的漩渦。唯有懂得停下來的人，才能真正走得長久。

　　林凱是一名廣告設計師，性格勤奮，總想把每一份提案做到極致，常是第一個打卡、最後一個離開的人。初期確實累積了一些成果，也獲得主管賞識，但隨著案子變多，他變得愈來愈焦躁，開始反覆修改細節、日以繼夜地加班，效率卻明顯下滑。

　　某天，他提交的提案竟被客戶退回三次，理由是「與市場趨勢脫節」。主管找他面談，問他最近是否有留意同業動態或消費者行為的變化，他愣了一下，才發現自己太久沒去看展、沒讀資料，只顧著關在電腦前「拚命完成任務」，早已脫離現實。

　　主管拍了拍他的肩膀說：「有時候，設計靈感不是從努力來的，而是從觀察、生活與思考中來的。太忙的你，已經沒有空間看世界了。」

　　林凱聽了心有所感。他開始調整節奏，每週固定參加一次交流活動、安排戶外活動，也刻意保留一晚不加班、單純沉澱。過了一段時間，他的提案風格更貼近市場、也更有創意。反而

第六章　職場習慣：攜手合作才能共贏

比之前高產時期還更容易中選。這讓他體會到，適當的放鬆，其實是工作品質提升的重要鑰匙。

讓腦袋呼吸，才有創造力

在某次國際創新論壇上，一位得過多項設計大獎的科技總監談到自己每天的工作習慣。他說：「我每天早上起床後，不會立刻打開電腦，而是先花 30 分鐘泡茶、散步，或者單純發呆，讓腦袋沉澱。很多靈感，就是在這段空白中出現的。」

這番話引起許多與會者共鳴。原來在高壓、高速的產業中，真正頂尖的人並不是無止境地拚命，而是懂得如何養精蓄銳，在適當的時機蓄勢待發。

甚至有研究指出，過度連續工作會讓大腦進入「認知過勞」狀態，影響判斷與創造力。相反地，當我們透過運動、睡眠或興趣活動來切換節奏，大腦會進入整合與修復的階段，更容易產出創新想法。

不論你是主管、創業者，還是創作者，都需要定期按下「暫停鍵」，否則就像一部從不保養的機器，終將故障。

學會停下，是前進的智慧

許多人誤以為「越忙代表越有價值」，但事實正好相反。真正高效的人，懂得在緊湊中創造節奏，在奔跑中懂得休息。他們

願意為思考留白,也明白休息不是偷懶,而是為了更好地起跑。

適時放慢腳步,是為了走得更遠。你不是機器,不該只為「完成」而運轉。如果你願意多留一點空間讓自己喘息,多一點餘裕去觀察與反思,那麼你將不只事半功倍,更能看見原本看不見的風景。

真正的效率,不是在疲憊中堅持,而是在清醒中出發。願你學會適時停下,讓自己重新出發的時候,更穩、更準、更有力量。

團隊成就彼此,獨行難以久遠

在這個講求分工合作的時代,單打獨鬥早已不合時宜。再耀眼的個人,若不懂與他人合作,終究只能孤芳自賞。真正長久的成就,往往來自團隊中彼此成就、共同奮鬥的力量。

曾在科技業表現出色的邱彥,擅長研發新技術、效率驚人,數度獲得部門表揚。他開始覺得團隊只是拖慢自己進度的負擔,於是逐漸排斥討論,凡事都想單獨完成。後來公司指派他參與一項大型專案,需與行銷、產品、市場部門密切合作。邱彥堅持用自己的邏輯推進專案,忽略同仁意見,導致產品規格脫離市場需求,專案最終無法如期完成,反而讓公司蒙受損失。

主管找他談話時說:「你很優秀,但再厲害的工程,沒團

隊配合也無法落地。」邱彥這才意識到，自己的聰明若無法融入整體，只是空轉的齒輪。後來他放下身段，重新學會傾聽與協調，才再次被公司重用。

有如一場籃球賽，即使球星能連得幾分，若全隊沒有默契，還是難以取勝。即便你是最耀眼的一員，只要脫離隊伍，就像離開樂團的單音，無法成曲。

團隊合作，是專業表現的延伸

一家手作烘焙坊曾在社群平臺爆紅，甜點師阿佳以創意蛋糕深受歡迎，許多客人指定她製作生日或節慶蛋糕。阿佳也自覺技術高超，逐漸不理會廚房固定流程，常自行更改配方、擅自決定排程，結果其他夥伴為了配合她而頻繁加班，整體氣氛日益緊張。

某日因她臨時更換蛋糕口味，導致倉儲未備齊材料，訂單延誤客訴不斷。店主不得不請她休息一週，讓其他員工恢復節奏。阿佳在冷靜思考後，才明白真正的專業不只是手藝，而是能讓整個團隊運作順暢。她回來後改變態度，從合作中重新找回價值，業績也因此回穩。

職場不是表演場，而是齒輪緊扣的系統，每一環節都關係著整體成敗。能主動補位、懂得與人合作的人，才會被視為不可或缺的存在。

完美不在個人，而在互補

我們都渴望展現自己的價值，但真正的價值不在單打獨鬥的舞臺上，而是在團隊中找到定位、貢獻所長，讓整體發光。沒有誰能獨自成就一切，也沒有人能完美無缺。唯有認清自己的位置，接受別人的支援，也伸出手去協助他人，才可能構築出一個彼此成就的強大團隊。

就像河流奔向海洋，單一的水滴再清澈也無法成河，唯有無數的水滴結合，才能奔流不息。當我們放下自我、融入整體，不僅團隊會因你而更好，你的人生也會因團隊而更有光彩。

把握此刻，專注當下

夢想若沒有落實於行動，就是空中樓閣；而行動若不專注，則終將事倍功半。想成功，不只是高瞻遠矚，更要懂得低頭耕耘，集中精力完成眼前的任務，才是成就未來的起點。

廖冠丞是名有著頂尖學歷的職場新鮮人，畢業後便雄心勃勃地到一家科技公司應徵行銷企劃主管的職位。面談當天，他對產業趨勢分析得頭頭是道，也侃侃而談自己的品牌理念與經營策略，讓面試主管耳目一新。但經理深知，企劃要做的，不只是口說夢想，更要落實於現場操作。於是公司安排他先從助

第六章　職場習慣：攜手合作才能共贏

理開始，學習品牌建立與市場實務操作。

沒想到廖冠丞對這樣的安排感到輕視。他覺得接觸文案修改、資料整理、活動執行這些「瑣事」根本浪費才能，對工作敷衍了事，總是想跳過基礎階段，直奔管理層級。半年後，終於有一次機會讓他主導一場品牌推廣活動，結果他在執行過程中連最基本的廠商溝通與預算編排都出錯，讓專案慘敗。主管當場終止他的試用期，他才恍然大悟：沒有專注地學會一件事，根本無法駕馭任何更大的任務。

過於好高騖遠，常讓人錯估自己，也忽略了通往理想的真正路徑。每一次小任務，其實都是未來計畫的鋪路石，錯過基礎的磨練，就等於放棄未來的格局。

無法專心，反而無法完成一件事

葉欣妤是一名自由接案者，擅長設計與寫作，也常獲得不錯的迴響。有一次，她同時接下了網站設計、品牌手冊與企劃講座的工作。雖然每件案子都很有吸引力，但她在不同任務之間頻繁切換，工作效率極差。為了趕進度，她熬夜加班，結果每個案子都做到一半便草草結尾，客戶滿意度也大幅下滑。

朋友問她：「為什麼不先專心完成一件，再做下一件？」她回答：「因為每件事都很重要，我不想錯過任何一個機會。」然而她最終卻錯過了所有機會。

若無法專注於當下手中的任務,便容易被各種誘惑與雜事牽著走。專注,是一種能力,更是一種選擇。只有願意為眼前的事負責,全神貫注投入,才能走得穩、走得遠。

成功從聚焦開始

許多人不是沒有夢想,而是在奔向夢想的路上,過早被浮動的心態或外在誘惑所擾亂,失去了最初的方向。真正的成功,不在於你看多遠,而在於你能否把握此時此刻。就像射箭前必須先穩住手臂與呼吸,工作中也必須先穩住當下的每一步,才能命中遠方的靶心。

把每一次眼前的任務當成自己的試金石,全力以赴,專注深耕,不僅能累積實力,更能贏得信任與機會。只有集中精力於你正在做的事,未來的道路才會因你的踏實而越走越寬。

職場不是戰場,是合作與理解的舞臺

在辦公室這個日復一日的場所,我們與同事的相處時間遠超過家人。朝九晚五,共處一室,工作上交流密切,情緒起伏、觀念差異與利益交集,摩擦幾乎無可避免。然而,真正成熟的職場人,懂得化摩擦為潤滑劑,將每次不愉快轉化為彼此更進一步的契機。

第六章　職場習慣：攜手合作才能共贏

佳琳是某家設計公司的新進員工，剛進公司時對業務流程一竅不通，總是手忙腳亂。部門的學姊阿芸經驗豐富，總是主動在她手忙腳亂時拉她一把。佳琳虛心學習，也總是心存感激，兩人關係一度如同姐妹。

半年後，公司內部舉辦提案競賽，獲勝者將獲得升任企劃副理的機會。出人意料地，佳琳的創意提案獲得高層青睞，順利升遷。她原本期待阿芸會為她感到驕傲，卻發現對方變得客套而疏離，甚至開始在工作上保持距離。

為了化解這種冷淡，佳琳選擇主動釋出善意。她約阿芸下班一起吃飯，席間她坦誠自己在競賽中的幸運成分，並表達升任後仍需依賴阿芸的協助與經驗。兩人談開後，關係漸漸回到從前的自然與親切。

佳琳的智慧，在於她沒有因職位改變而擺出姿態，也不迴避同事間的敏感情緒，而是以真誠重拾彼此的信任，為自己的未來也為團隊和諧開了一道光。

言語無心，卻可能成為導火線

阿民和宥齊原本是部門中的最佳拍檔，私下也會一起吃飯聊天。某次員工旅遊結束後，阿民無意間在茶水間說了一句：「宥齊這次穿的那套運動裝還真是有創意啊，顏色像極了隔壁公司廣告裡的吉祥物。」當時大家哄堂大笑，但宥齊臉上的笑容很

快就消失了。

之後的幾天裡，宥齊對阿民冷淡許多，甚至連平常的討論也變得簡短。阿民一開始不以為意，直到專案合作時發現兩人溝通出現明顯問題，才驚覺玩笑傷人。

他主動找宥齊道歉，坦言自己說話沒想太多，並非刻意羞辱對方。宥齊聽完後緩緩點頭，也說出自己長年因外貌問題而受到嘲笑的往事。兩人和解之後，彼此更加尊重與體諒，合作默契也比以往更好。

有時候，一句無心的話，也許在別人心中留下了難以平復的痕跡。懂得適時收斂語言鋒芒，是職場中難得的修養。

化解衝突的智慧，是職場成熟的證明

在工作現場，摩擦無法完全避免，尤其在目標、資源與升遷機會交錯之際，彼此的心思更容易變得敏感與複雜。但一個懂得理性對待衝突的人，從不輕易把誤會變成心結，更不讓情緒毀了關係與前程。

與同事間的相處，不只是合作更是相互成就。學會適時釋懷、尊重他人感受、調整語言的分寸，不僅能讓你走得更順暢，也能讓你在職場中建立真正穩固的人際根基。終究，工作是一場長跑，而不是短暫的競速賽；能在摩擦中成長、在誤解中釋懷的人，才是真正的贏家。

第六章 職場習慣：攜手合作才能共贏

細節決定成敗

　　成功往往藏在不起眼的細節中，而失敗，也常常是由看似無害的馬虎引爆。許多人在職場或生活中犯的錯，並非出於懶惰或能力不足，而是源自於一時的不專心或草率。這種看似微小的錯誤，往往會悄悄滲透到整體成果中，導致無法挽回的代價。

　　有一間食品公司，與一家法國設計工作室合作打造品牌形象與包裝。設計圖確認後，公司趕緊將設計送交印刷廠印製產品外盒，預計在農曆年前推出新品上市。然而等到上千份包裝送達工廠後，生產部主管才發現，在原料說明處的英文標示中，將「egg yolk」（蛋黃）誤植為「egg york」，一字之差，卻讓整個標籤變成了錯誤資訊，無法上架販售。

　　原來，行銷部門當時只憑手機上瀏覽的設計預覽快速回覆「確認」，連 PDF 都沒詳細校對。而印刷廠也未再次與品牌方核對細節，大家都想著「應該沒問題」，於是錯誤就這樣完整保留下來。最終，公司不僅損失了三十萬的包裝成本，還延誤了最重要的檔期，錯過了整個年節銷售黃金期。

　　如果當時有人願意多花三分鐘再檢查一次，那麼這場錯誤完全可以避免。細節的馬虎，在這裡不只是「疏失」，更直接導致損失與信譽受損。

無心之過，也能掀起風波

在公部門工作的芷晴，有次負責將新聞稿上傳至網站。因為趕時間，她直接複製先前的新聞稿格式，只將標題和內容略作修改。沒想到，原本應該寫「敬邀民眾參與志工表揚活動」，她卻將「志工」打成了「職工」，傳出去後立刻引發民怨，民眾紛紛留言質疑政府是否將志工與公職人員混為一談。

事後，市長辦公室緊急出面澄清並致歉，芷晴也受到主管嚴厲警告。她才驚覺，原來一個看似無關痛癢的詞彙錯誤，竟會引起社會輿論與行政信譽危機。自此之後，她每天多留五分鐘仔細校稿，即使是最平凡的公告也不再掉以輕心。

從這些經驗我們可以看出，錯誤有時不需要多複雜，只需一個小小的疏失，就足以引發骨牌效應。尤其身處資訊高速流動的時代，一旦擴散，往往無法輕易回收。

謹慎，是對未來最基本的尊重

馬虎與輕率，表面上只是工作習慣，實際上卻是一種價值觀的反映。當我們願意把每個細節做好，就是在為自己的專業與人格加分。無論你是否自認天生粗枝大葉，只要願意多花點心思，就能培養出細心的習慣。

或許你無法在一夜之間變得完美，但每次專注地完成一件小事，都是向專業邁進的一大步。記住，一次的馬虎可能抵銷

數年的努力；但一次的嚴謹，卻可能為你打開成功的大門。細節不是小事，而是成功之路不可忽略的基石。

錯了就承認，才能贏得尊重

犯錯是成長的必經過程，沒有人能在職場中永遠零疏失。然而，面對錯誤時的態度，往往決定了別人對你的信任程度。勇於承認錯誤，是成熟的開始，也是信賴的基石。反之，若老是找理由搪塞，不僅讓自己失去改進的機會，也可能在無形中斷送未來的發展。

小芸剛進入出版業時，負責與印刷廠溝通書籍排版與交稿事宜。有一次她因未及時確認封面，導致整批新書封面色偏嚴重，印製完成後才發現問題，損失將近十五萬元。

她心急如焚地向主管報告，原本以為會被嚴厲斥責，沒想到主管問的第一句話是：「你覺得問題出在哪裡？」小芸沒有閃躲，把整個過程一五一十說明清楚，並承認自己當時未重複確認圖檔是主因。她同時提出補救計畫，包括與印刷廠協調二次印製折扣，以及優先處理通路溝通。

主管最後只說了一句：「你肯負責，未來才會更小心。」這次事件不但沒有讓她失去工作，反而讓她贏得主管的信任與同事的敬重。

一個願意承擔的人，比一個永遠替自己找理由的人，更值得依賴。主管與同事未必要求你永不出錯，但他們一定希望你願意承擔責任。

推諉是職場的隱形絆腳石

另一家公司的人資部門，曾經有一名看似幹練的新人志凱，履歷亮眼、口條流利。他被安排負責協助辦理一場大型內部講座，結果當天出席人數遠低於預期。

主管召開檢討會時，志凱先是歸咎通知信沒經過他手，再來怪同事沒把報名資料整理好，甚至將失敗歸咎於氣候不佳。他從頭到尾沒有一句道歉，也不曾檢討自己的流程漏洞。

主管不動聲色地記下這一切，三個月後，志凱未能通過試用期，他才驚覺問題不在表面成效，而是他讓團隊失去了信任感。犯錯不可怕，推卸才是職場最大的毒瘤。

在職場中，推諉或許能暫時卸下壓力，但長期下來，只會讓人看清你無法承擔重任。沒有人願意把責任交給一個永遠在「找藉口」的人，無論他多有才能。

勇敢承認，才有下一步

成長的路上難免跌倒，而真正有力量的人，是願意回頭看清地面的人。承認錯誤，不代表你無能，反而是面對現實、願

意改變的象徵。每次錯誤,都是一次調整軌道的機會;每次推託,則是一次失去他人信任的倒退。

學會為自己的行為負責,不用美化錯誤,也不必急著逃避批評。當你有勇氣面對失敗,才有機會站在更高的起點。一個懂得說「對不起,我會改進」的人,永遠比一個滿口「不是我的錯」的人,走得更遠。

勤懇才是真本事,別拿「小聰明」當捷徑

在職場上,一些人表面上看起來機靈又有手腕,擅長察言觀色,總在老闆面前表現得勤快能幹。可是當時間一拉長,他們的真面目就逐漸浮現:能力平平,卻愛走捷徑,甚至動歪腦筋來掩蓋不負責任的行為。這種人看似聰明,實則損人害己,最終常會自食其果。

有位名叫沈育承的年輕工程師,常給人聰穎又自信的印象,表現頗受主管賞識。有一次,公司即將舉辦年度產品展示會,各部門需交出進度報告供執行長審閱。育承的專案進展緩慢,他心想若照實彙報,恐怕會被認為能力不足,影響日後升遷。

於是他動了歪腦筋,修改了數據,並美化圖表,使報告看起來成果豐碩。果然在會議上大獲好評,連執行長都稱讚他是「未來的關鍵人才」。然而三週後,行銷部準備對外宣傳資料時,發

現這些數據根本無法驗證。事情被揭發後，主管震怒，沈育承雖然拚命解釋自己只是「急著交差」，但公司高層已對他失去信任。最後，他在無聲中離職，連年終獎金也沒拿到。

原本具備潛力的他，卻因一次投機取巧而毀了前途。誠信在職場上的價值，遠比臨時的漂亮數字更重要。一個人若不能腳踏實地，哪怕再會包裝，終究難逃東窗事發的一天。

穩健累積，才有機會出頭

相對地，另一位同樣入職兩年的資深設計師林珈如，從不搶鋒頭，也很少在會議上誇下海口。但她對待每一項設計案都細心謹慎，與業務的協調也從不敷衍。即使是臨時交辦的案子，她也會利用下班時間重新審視細節，確保不出差錯。

有一次，一家重要客戶臨時變更產品規格，全公司忙成一團。林珈如主動協助業務主管，兩天內重新提案、修改素材，不但穩住了客戶，也讓業績穩定成長。執行長得知後，主動約她面談，三個月後她晉升為設計部主管，成為全公司最快升遷的員工之一。

林珈如並不會說些浮誇的話，也不擅長在主管面前自我推銷，但她用專業與負責任的態度證明了價值。她的成功，來自於對工作的尊重與長期累積，而不是靠小把戲換來的掌聲。

第六章　職場習慣：攜手合作才能共贏

真本事才能站穩腳步

職場不是短跑比賽，而是一場看誰能走得長遠的馬拉松。那些總想靠小聰明博得一時好評的人，也許會搶下開場的掌聲，卻往往撐不到終點。因為職場終究是實力與信任的舞臺，不是只靠演技就能站穩的地方。

與其花心思粉飾表面，不如把心力放在累積經驗、強化專業上。當你專注把每件事做好，成功自然會朝你走來。而那些只想投機取巧的人，最終不但難以收穫成果，還可能在關鍵時刻失去一切。唯有腳踏實地，才能走得長遠，成為真正值得信賴與倚重的人。

計較一時得失，失去長遠機會

在職場上，真正阻礙我們前進的，往往不是能力不足，而是過度看重眼前的得失，忽略了更重要的未來布局。有些人總是斤斤計較薪資、福利，卻忘了經驗與信任，才是長遠成功最關鍵的資產。

許響是一名行銷主管。他在公司負責推廣品牌、規劃活動，與客戶之間的協調也處理得相當不錯。雖然公司規模不大，薪資待遇也僅算中等，但他的意見經常受到重視，未來也有機會

參與高層規劃。

某日，他接到一家規模更大的公司的面試邀約。對方開出優渥待遇與職銜，看起來比他現在的位置更具吸引力。許譽沒花太多時間考慮就答應跳槽，甚至連現任主管留下他參與新品牌國際發表計畫的邀約也沒多考慮。

但進入新公司後，他很快發現自己只是個流程節點的負責人，權限受到限制，創意難以實現，原本習慣被信任的感覺突然消失。更糟的是，前公司的發表計畫取得驚人成功，許多前同事因此升遷或受到業界肯定，而他則被困在制度僵化的大公司中，成了「高薪低能見度」的一員。他開始懷疑自己當初的選擇，卻已無法回頭。

積極投入才是未來的本錢

另一邊，蔡佳倫在一家財務顧問公司擔任助理分析師，起薪不高，工作繁重，經常要熬夜處理客戶報表。儘管如此，他總是準時完成任務，還經常主動提出修改報告的建議。他不會因為「不是自己的專案」就敷衍了事，也不會因為加班而發牢騷。

當公司面臨轉型之際，主管在遴選核心人員時，第一個就想到他。幾個月後，他被安排參與新系統的規劃與測試，還受邀參加國際財經年會。儘管他的薪水仍不及同學中某些在外商公司工作的人，但他獲得的歷練與視野，卻遠遠超出同儕。

第六章　職場習慣：攜手合作才能共贏

佳倫常說：「我不是不在意薪水，而是更在意我在做的事有沒有成長價值。」這樣的心態，讓他一步步邁向真正屬於自己的舞臺。

成功從來不是計較來的

職場就像一場馬拉松，走得快不如走得穩。一味追逐眼前的利益，可能短暫看似風光，卻可能錯失讓自己真正蛻變的機會。若總把薪水當成衡量一份工作的唯一標準，那麼你將容易忽略工作的潛在價值，包括人脈、經驗、學習機會與信任累積。

當你只看眼前那一小步，你很可能踏錯了整盤棋的關鍵節點。但當你開始懂得放大格局，願意為未來的自己多累積一點耐心與投入，機會自然會找上門。真正有遠見的人，不會因一時的得失而動搖，而是始終為長遠布局。

別讓短視近利掩蓋了你潛在的光芒。唯有堅持自己的方向，才能在不經意的某一天，迎來屬於自己的高峰。

主動出擊，開出新局

消極與被動並非性格的一部分，而是可以改變的習慣。很多人在職場中總認為自己「運氣不好」，總把失敗歸咎於環境、同事或主管，卻忽略了最根本的問題——他們從未真正主動投

入過工作與人生。

蘇婕剛畢業時進入一間公司擔任行政助理。她的學歷不差，反應也不慢，但卻總是一副「老闆沒交代，我就不做」的態度。主管交辦的事項，她會照表操課地完成，但只做最低標準，不會主動思考改進空間，對公司的內部流程、跨部門運作也完全不關心。

起初，公司考慮她還是新人，給予寬容，但三個月過後，她的表現仍無進展。有一次，主管臨時出差，要她代為統整一份會議資料，她草草整理、甚至遺漏了重要附件，導致團隊會議推遲。主管失望地告訴她：「妳不是做不到，而是妳從未真正投入。」

她不解地回說：「我只是沒人教我，不然我當然會做。」但公司不需要等待被動的人，公司需要的是能為團隊增值的人。最終，蘇婕在試用期結束前被婉拒留任。

無論順逆，都要保有行動的熱度

另一個例子是劉允傑。他分發到一所偏鄉國中任教，原本也頗感不滿。初來乍到，他面對設備老舊、資源匱乏的環境，也曾抱怨：「這地方怎麼做得出成績？」

但後來他開始轉念：既然環境無法選擇，那就先從自己做起。他利用課餘時間為學校架設教學網站、替學生開設寫作輔

第六章　職場習慣：攜手合作才能共贏

導社團,還帶學生參加作文比賽。幾個月後,校方與家長都對他的表現刮目相看,他甚至被表揚為「偏鄉教學優良教師」。

幾年後他轉任至市區學校,帶來的不只是教學熱情,還有一套實戰經驗。劉允傑的故事說明了一件事:再怎麼不理想的環境,只要你願意動手,總能找到突破的縫隙。

習慣主動,是人生最划算的投資

無論順境還是逆境,若一個人總是消極應對,最終只會錯過每一個累積價值的契機。反之,若能培養主動習慣,即使處於不起眼的位置,也能創造出改變的影響力。你的人生不是被安排的,而是被行動一步步建構的。別把希望寄託在他人看見你,而是要靠自己主動發光。

主動從來不是多做一點,而是多思考一層、主動承擔責任、主動尋找解方。當你不再等別人推你一把,而是自己開始走,你就不再是局外人,而是創造局勢的人。

第七章
說話藝術：
說對話，避開人際陷阱

　　語言是一座橋梁，能促進彼此理解與情感連結，但同時它也可能變成一把鋒利的利刃，傷害人際關係、造成隔閡。在與他人互動時，「說」這件事本身就是一種技術──該不該說、要說什麼、又該怎麼說，這些選擇往往左右著一個人在職場或人際上的成敗。說話的習慣若不當，容易引發誤會與衝突；而若懂得掌握恰當的語言方式，就能拉近距離、建立信任。唯有培養良好的溝通習慣，才能真正讓語言成為拉近彼此的力量，而不是阻礙彼此的藩籬。

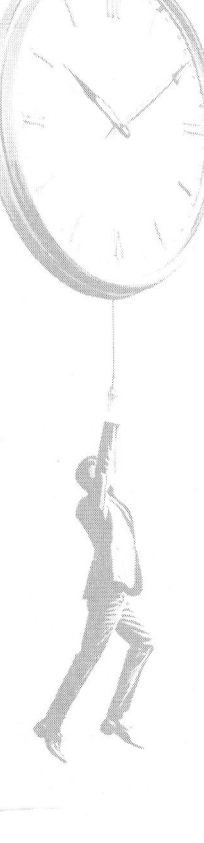

第七章　說話藝術：說對話，避開人際陷阱

言語如刃，慎用為先

　　話語看似輕盈，卻往往比利刃還銳利。它能撫慰人心，也能造成難以癒合的創傷。許多時候，一句無心的話，可能在對方心中留下永難抹去的陰影。正因為語言能深入人心，我們更要學會用它傳遞善意，而非傷害。

　　曾有位山區老師分享過一段往事。那年，她收到學生家長親手做的玉米餅作為感謝禮物。她順口說：「怎麼有股燒焦味啊？」當時沒人說什麼，但之後那位家長再也沒出現在校園。多年後，她才從村民口中得知，那是那位母親在柴火灶上苦熬一整天才做出的餅。只因她那句脫口而出的話，讓對方心碎不已。

　　這樣的故事並不少見。我們總以為只是隨口一說，卻沒想過別人聽了有多在意。有些話出口之時並無惡意，但聽者內心的反應卻無法預測。語言若不加節制，便容易變成傷人的工具，就算再多的道歉，也無法真正抹去最初帶來的痛。

話語的技巧，不是討好，而是體貼

　　說話不是炫耀口才的比賽，而是彼此理解的橋梁。有智慧的人懂得將實話包裹在溫柔的語氣中，也知道在沉默中藏起不必要的批評。他們從不急著發言，而是先感受對方的心境，再決定是否開口。

某次會議中，一位資深主管用肯定的語氣回應一位新人明顯有誤的簡報：「你的想法很有創意，不過有個小細節可以再補充一下。」結果整場會議氣氛融洽，新人不但虛心接受，也因此更加努力。若他一開始就斥責對方「這份資料太離譜」，恐怕只會讓對方難堪，甚至心灰意冷。

說話技巧並不是要說假話或奉承，而是在保有誠意的基礎上，多一分尊重與同理。別把「說真話」當作傷人的藉口，語言若能兼顧誠實與溫度，才是真正有力量的表達。

言語，是日常裡最容易忽視的修養

我們經常忙著在工作上精進，卻忽略了說話的細節。而恰恰是這些細節，構成了人與人之間的好感與信任。一句善言能建立關係，一句輕忽的話卻可能瞬間毀掉彼此的連結。

說話之前，若能多停一秒思考，想想對方是否能接受、是否會受傷，就能避免許多不必要的衝突。我們無法控制每個人對話語的反應，但我們可以選擇更溫和、更體貼的方式說出想法。語言的力量不在音量大小，而在細節是否用心。

第七章　說話藝術：說對話，避開人際陷阱

不表達，就容易被誤解

在職場上，一個人是否具備表達能力，往往決定了他在工作與人際中的走向。很多人不是因為不努力而失敗，而是因為不懂得如何適時地展現自我，導致被忽略，甚至被誤解。

某公司主管指派採購任務給小方，這項工作牽涉複雜的預算和外部協調。主管問他是否能勝任，小方立刻信誓旦旦地回答：「沒問題，保證完成！」三天後，事情毫無進展，主管追問時，小方才坦承遇到不少困難。雖然主管仍給他機會處理，但對他先前的「逞強」明顯失去了信任。

在生活中，很多人也會因為不懂得表達，陷入溝通困難。當受到協助時，心裡雖然感激，卻難以開口致謝；在歡愉的聚會中，也無法自然地表露喜悅；甚至在別人需要支持時，明明心懷關切，卻始終沉默以對。

久而久之，他們在他人眼中變得冷漠難親近，甚至顯得驕傲與孤僻。然而，多數情況下，這樣的冷漠其實只是來自一種內在的不安與不擅表達的習慣。他們可能不想這樣，卻又不知道如何打破沉默。

展現自己，不是賣弄

在這個資訊開放、人際互動頻繁的時代，懂得適時展現自我，已是一種必要的生存能力。不論是職場還是生活，若總是壓抑表達，只會讓你被邊緣化。

許多人誤以為表現自己就是炫耀，擔心被誤認為愛出風頭，或被批評「愛現」。但其實，真正的表達從來不是表演，而是一種分享 —— 將自己的想法、情感、謝意或觀點，用合適的方式傳遞出去，是一種溫和但有力的行動。

有些人之所以選擇不表達，是因為過去可能在表達時遭遇過否定或忽視，導致他們產生自卑感，進而關上了溝通的門。從心理的角度來看，這種自我否定會逐漸瓦解一個人的自信，讓原本可能光芒四射的人也變得沉默壓抑。

要打破這樣的迴圈，第一步就是相信自己有權利被理解，也值得被看見。不必等到完美，才有資格開口；只要真心誠意，再生澀的表達，也會被珍惜。

表達自己，是連結世界的橋梁

會說話不是指口才有多華麗，而是在合適的時間、以真誠的態度表達內心的想法。你可以不善辭令，但不能永遠沉默。因為沉默久了，不僅他人難以理解你，你自己也會慢慢對生活失去熱情與參與感。

第七章　說話藝術：說對話，避開人際陷阱

要讓自己更被看見，其實不難。一個真誠的謝謝、一句溫暖的問候，或是在開會時勇敢地發表一次意見，都可能成為改變局勢的起點。

職場中的許多誤解、人際中的許多隔閡，說穿了，都只是因為「沒有說出來」。而如果我們能夠一步步練習表達──無論是對自己的信心、對他人的欣賞，還是對事情的看法──你會發現，原來很多問題不是無法解決，只是沒有人開口。

勇敢說出你的感受與想法，不只是溝通的開始，也是改變命運的第一步。表達不是炫耀，而是建立理解的橋梁，只要你願意跨出那一步，世界也會朝你走近。

勇敢說「不」，才能守住原則

在日常生活與職場互動中，總會遇到一些讓人難以拒絕的請求。有時是因為對方是長輩、上司或摯友，有時是因為自己不好意思傷人情面，最後往往硬著頭皮答應，結果勉強自己卻又做不到，不但徒增困擾，還可能傷了彼此的信任。

有一次，公司裡的新人阿哲因為個性溫吞，總是對同事的請求來者不拒。有人請他代班，他答應；有人要他幫忙整理會議資料，他也點頭；甚至連自己部門的交辦事項還沒完成，就又接下其他同事臨時追加的任務。他雖然不斷加班，但效率越來

越低,事情越做越亂。

　　主管原本欣賞他的能力,卻也開始質疑他的判斷與安排能力。最終,一次重要簡報因為資料出錯導致全案延誤,主管忍不住當眾提醒他:「你要先做好自己分內的事,不是每一件事都該你扛。」阿哲當場愣住了,他這才意識到,長久以來沒學會說「不」,其實正讓自己陷入進退失據的局面。

　　拒絕他人,從來不代表無情,而是代表一種清晰的界線。若一味討好迎合,只會讓人覺得你什麼都可以接受,久而久之不但自己吃力,別人也不再尊重你的底線。

委婉拒絕,是一種智慧

　　拒絕不是翻臉,而是一種技巧。大多數人會害怕拒絕是因為不想造成尷尬,尤其面對關係密切的人時,更擔心一個「不」會傷了感情。但若懂得方法,其實拒絕可以說得溫和又不失立場。

　　像是思涵,她在朋友中總被視為「老好人」,凡事都願意幫忙,直到有一天,她因幫太多朋友寫履歷,壓力大到無法準備自己的考試。後來,她開始學習婉轉表達自己的難處,例如:「我最近工作量很重,真的怕幫了你反而不夠仔細。也許你可以請教 XXX,她最近剛好有時間,而且做得很棒。」這樣的回應不僅沒破壞關係,還讓人感受到她的體貼與誠意。

　　重要的是,在拒絕之前,先傾聽對方的需求,再依情況表

第七章 說話藝術：說對話，避開人際陷阱

達自己的立場。即便無法幫忙，也可給予建議或其他替代方案，讓對方感受到你願意支持，而不是冷眼旁觀。這樣一來，即使說了「不」，也不會讓關係陷入僵局。

拒絕不是絕情，而是更清楚的選擇

當你選擇勇敢說「不」，代表你更了解自己，懂得珍惜自己的時間與心力，也更懂得與人之間健康的界線。懂得拒絕的人，更能讓自己專注於真正重要的事，長期下來，也會被他人視為值得信賴的人。

有時候，說「不」並不意味著拒人於千里之外，而是保留一個更真誠的空間。當你能從容拒絕，也就能自在選擇，活得更清明踏實。這樣的你，不但會更有餘裕幫助他人，也更能獲得真正的尊重。

不是每個請求都該答應，也不是每段關係都要靠委屈維持。真正成熟的人，懂得用適當的態度保護自己、也尊重對方。說「不」是一種勇氣，更是一種清醒的善意。

把話說到點上，比說得多更重要

在溝通交流的過程中，我們常會犯一個毛病，就是「話說太多」。本以為講得越詳細、越完整，對方就越能理解，卻忘了，

真正有效的表達,是簡潔有力、直指核心。囉嗦重複的話語,不僅無助於理解,還容易讓人反感。

幾年前,一場企業內部的簡報競賽中,兩位表現極為不同的參賽者引起了眾人注意。第一位主管花了二十多分鐘娓娓道來,列出無數背景資料、數據表格,企圖營造一個萬無一失的提案脈絡;而第二位年輕主管,只用了五分鐘,就清楚扼要地說明了核心問題與解決方案。

結果不難想像,雖然第一位講得非常用心,但最後掌聲與評審分數都落在第二位身上。他的簡潔不是因為準備少,而是因為準備得更精準。他抓住了「該說的說清楚,不該說的就不說」這個要點,讓聽者能聚焦於重點。

這樣的表達能力,其實並非天生,而是習慣的養成。會說話不是多話,而是會把重點說得簡潔清楚。真正讓人信服的話語,往往不在於鋪陳有多華麗,而在於能否一語中的。

再好的話,重複多了也會失色

有一位主管,在每週會議上總喜歡重申同一段理念:「我們要以顧客為中心,追求長遠價值。」起初員工們還會點頭稱是,覺得主管有遠見。但講久了,大家一聽他開口就開始分神,甚至私下取笑他「每週都在重播」。

說好話本身無可厚非,但說了太多遍、太頻繁、缺乏情境

第七章　說話藝術：說對話，避開人際陷阱

連結，那句話的意義就不再被認真對待。好話如果失去了時機與情境的搭配，再多也只是空言。

其實說話就像煮一道料理，調味得宜才讓人回味無窮。太鹹太膩、反覆加料，反而失去了本味。與其重複一件事十遍，不如一句話就講到心坎裡。

重點清晰，是最有力量的表達

在這個節奏快速的時代，清晰與簡潔是一種重要的職場競爭力。簡單說清楚、一次就讓人聽懂，遠比重複多次卻還模糊不清更具影響力。思路明確，才能把話說得有層次、有分寸，讓人信服與認同。

我們都該練習讓每一句話都有意義。不要擔心講太少被誤解，真正打動人心的語言，是準確的、節制的、到位的。不是話多才有誠意，而是說到點上才有力量。

表達是一門藝術，不在於話說得多，而在於是否說得剛剛好。懂得控制語言分寸、掌握溝通節奏，是現代人必修的能力。記住，再好的話也不必說兩遍，一次說得好，才是最有分量的話語。

把話說得圓融，是一種智慧

　　說話是一門藝術，而委婉含蓄地表達，則是其中最耐人尋味的一項技巧。許多時候，直來直往的說法不但無法傳達正確意思，還可能刺傷對方自尊，讓溝通變成對立。但如果懂得在言語上繞個彎，換個角度，不但能保住情面，還能達到說服或提醒的效果，這樣的表達方式，才是真正的人際智慧。

　　有位大學教授在課堂上，看到學生上課時總是心不在焉。他沒有當面斥責，而是輕輕說了一句：「學習這回事，就像種花，如果澆水不夠、陽光不夠，它終究長不出花來。」學生們聽了，才恍然大悟原來教授是在提醒他們用心。因為沒有直接點名，也沒有擺出高姿態，所以學生們反而更容易接受。

　　人際相處中，語氣往往比語意更具影響力。有時候，一句「你怎麼又犯錯了」遠比「這裡有個地方可以再注意看看」來得傷人。而一樣的建議，包裝成體貼的提醒，往往更能達到效果。

　　尤其在職場裡，太直接的語言不僅可能引發誤會，更可能無形中引發衝突。反之，委婉的措辭讓對話多了空間，也多了彈性。溝通本是橋梁，話說得太硬，橋就斷了；話說得得體，橋就穩了。

第七章　說話藝術：說對話，避開人際陷阱

巧語藏鋒，人際如魚得水

日常生活中，真正受歡迎的人，不一定是口才最好、聲音最大的人，而是懂得觀察、善於用語氣調和氣氛、能掌握分寸說話的人。這些人往往不急著發言，而是聽得比說得多，說出來的話卻句句中肯、不傷人。

有位老醫師在醫院帶實習生，有時看到對方判斷錯誤，他不會直接批評，而是說：「如果今天我是你，可能會再多問病人一句。」一句簡單的話，既點出了問題，也讓對方保有尊嚴，更重要的是，學到了判斷的細緻。

說話如針線活，委婉就是那雙巧手，將鋒利的針包覆在絲線中，把問題縫合，而不是撕裂。與人溝通，不是要爭個輸贏，而是找到彼此都能接受的方式前進。這不只是語言技巧，更是一種寬容與成熟的表現。

含蓄不等於軟弱，是一種人際成熟

說話講求方式，而不是音量。學會含蓄與委婉，不是退讓，而是善解人意；不是逃避，而是高情商的展現。它讓我們在人際互動中更能進退有度，既不失立場，也能守住尊重。

與人溝通，不只是傳遞訊息，更是在建立關係。讓話中有情、言裡有光，能讓你走得更遠、交得更廣。記得，真正厲害的人，從不靠大聲說話，而是靠說得得體、說得動人。

放下抱怨，讓語言成為鼓勵的力量

　　在職場或生活中，說話是一種力量，懂得說什麼、怎麼說，比擁有滿肚子的想法更重要。有些人總是怨聲載道，見人就抱怨，結果不只問題沒解決，還讓人避之唯恐不及。與其把時間耗在負面情緒上，不如學會改變表達方式，把抱怨轉化為激勵，這樣不但會讓人際關係變好，自己也更能迎來轉機。

　　在一間街角的甜點店裡，有位剛進行學徒訓練的小夥子，每天負責為顧客包裝蛋糕。開始時，他常因包裝不夠整齊而被顧客嫌棄。一次，有位顧客皺著眉頭說：「你這包得也太草率了吧！」年輕人低頭不語，沒想到老闆卻笑著補了一句：「這孩子才學一個星期，但學得很快，下次一定讓您驚艷。」

　　這樣的回應，既安撫了顧客，也給了年輕人動力。之後，他更加用心學習包裝技巧，不到一個月，已經能熟練地包出各式創意包裝。顧客紛紛讚賞，而他也建立起自信。

　　每個人都可能犯錯，重要的是在錯誤中得到成長，而非讓抱怨的話澆熄熱情。會說話的人，不是挑剔別人，而是懂得從瑕疵中看見潛力。即使對方還不完美，適時給予肯定，遠比責備更能推動成長。

第七章　說話藝術：說對話，避開人際陷阱

改掉愛抱怨的習慣，讓心態變得陽光

有位行銷經理，時常因部門業績不理想而責怪下屬：「怎麼都做不好？為什麼客戶總是被別人搶走？」這樣的話語讓整個團隊士氣低落，員工做事愈來愈敷衍。

直到有天，公司請來外部顧問進行輔導，這位顧問沒有批評任何人，而是邀請大家分享這個月最有成就感的工作經驗。每個人開始回憶那些小小的成功與突破，現場氣氛竟然變得輕鬆溫暖。那位經理也意識到，原來讚美與肯定才是激發潛能的關鍵。他從那天起，試著改變說話方式，學著看見每位成員的閃光點，團隊表現也逐漸提升。

一個常抱怨的主管，會讓團隊進入消耗模式；而懂得欣賞與鼓勵的領導者，則能點燃團隊動力。生活中亦然，越是常與正能量的人互動，越容易吸引成功與快樂。

用語言播種善意，也為自己種下好運

不滿意可以溝通，不如意可以調整，但不該讓抱怨成為習慣。語言若用得不好，是阻礙關係的牆；用得好，則是連結心靈的橋梁。學會放下抱怨，改用鼓勵與欣賞的語言，不但能讓你與人更親近，也能在無形中為自己開創更多可能。與其怨天尤人，不如學會用話語照亮自己與他人的世界。

一聲問候，讓關係更靠近

　　打招呼，是人與人之間最簡單卻也最溫暖的連結。當你主動向人問好，不只是傳遞一種禮貌，更像是一束陽光，溫暖了彼此的距離。而在日常生活中，這個看似微小的舉動，往往成為建立好關係的重要鑰匙。

　　小珊在公司裡是出了名的親切，不論遇見誰，哪怕只是擦肩而過的同事，她總會露出笑容、輕聲道聲早安。剛開始，有人還覺得她熱情過頭，但隨著時間過去，大家逐漸發現，只要遇見她的一聲問候，原本疲憊的早晨也會多了一分元氣。

　　她的習慣讓辦公室裡的氣氛變得更輕鬆，也讓許多原本陌生的同事開始主動和她攀談。哪怕是面對冷淡的回應，她也不曾因此改變自己的做法，因為她始終相信，禮貌是給自己的，友善會在無形中回報自己。

　　這樣的堅持，在某次人資部門調查員工滿意度時顯現出來。小珊被評為「最受歡迎的同事」，因為她總是用一聲問候打開了彼此的心，也為工作帶來正向的氛圍。她從不抱怨誰沒回應，反而用行動影響了更多人。

第七章 說話藝術：說對話，避開人際陷阱

簡單一句話，是善意的種子

另一個例子發生在一棟老社區裡。一位年輕人每天搭電梯都會對鄰居長輩問聲好，有時還主動幫忙按樓層。起初，長輩們只是點頭示意，但久而久之，他們不僅記住了這位年輕人，也願意主動與他閒話家常。某天，年輕人家中水管爆裂，緊急時刻就是這些長輩伸出援手，幫他聯絡管委會、找來水電師傅。

人與人之間的信任與連結，往往就是從一聲問候開始。問候看似簡單，實則是一種讓人願意接近的態度。尤其在當今社會節奏快速、人際疏離的時代，一句真誠的招呼，或許就是讓人卸下心防、建立好感的第一步。

有些人因為害羞或怕尷尬，總是低著頭匆匆走過。但只要多練習幾次，讓打招呼成為生活中的一種習慣，那麼無論是在工作上或生活裡，都會獲得更多的理解與支持。你不需要總是高聲喊話，只要一個眼神、一句親切的話語，就能讓對方感受到你的善意。

一個習慣，決定你的人緣與助力

從「早安」到「你好」，再到一句簡單的「辛苦了」，問候從來不只是形式，而是一種主動表達善意的選擇。別人怎麼回應，是對方的選擇，但你是否真誠地打招呼，卻是你自己的態度。

你的一句問候，可能幫助你化解誤會，也可能成為關鍵時

刻得來的協助。與人相處的起點,往往就在這一句「你好」之中。學會在每天的生活裡主動打招呼,讓這個習慣成為你人際關係中的亮點,那麼無論你走到哪裡,總會有人記得你的笑容與溫暖。

建立關係不必倚靠刻意經營,反而是從一點一滴的日常做起。一句問候,一份尊重,就能讓你在人生的旅途中,收穫更多意想不到的緣分與助力。

幽默是一種智慧的溫度

在一場產業座談會中,一位企業代表剛起身發言,便不慎把水灑在講稿上。他一時愣住,氣氛也頓時緊繃。沒想到他迅速接話說:「看來我的報告內容已經被潤筆加強,接下來應該更有說服力了。」臺下響起一片笑聲,原本嚴肅的場面也隨之放鬆。

這種幽默,並非靠裝傻或插科打諢,而是在意外中迅速找到語言的出口。它像一道光,穿透了緊張與拘謹,讓原本的錯誤轉變成風趣的談資,也展現出講者的沉著與格局。

另一位高鐵站的播報員,在系統故障時臨時手動播報,卻把列車班次說錯。面對現場乘客疑惑的目光,他笑著補上一句:「剛才那是來自平行時空的廣播,各位請以現在這個世界的時刻

第七章　說話藝術：說對話，避開人際陷阱

表為準。」乘客不但不怒，反而都笑了起來。

幽默讓錯誤不再刺耳，讓誤解不再成為負擔，當語言有了彈性與智慧，也就多了一層人與人之間的理解空間。

當言語帶著光，人際之間也會溫暖起來

在一所國中任教的老師，每次改完考卷發還時，總會根據學生表現給一句貼心的評語。有學生數學只考了 40 分，低著頭準備挨罵，老師卻拍拍他的肩說：「這 40 分是你勇敢面對數學的證明，現在我們就從這裡往上爬，好不好？」學生當場眼眶泛紅，也因此下次努力到達了及格線。

一個善用語言的引導者，不靠責備逼迫學生進步，而用一點點幽默與理解，打開了信任的大門。

在另一場醫院志工的培訓中，一位高齡的志工初次發言時話語不清，一旁的年輕學員忍不住輕笑。主持人立刻接話：「人生的資歷，不是用速度衡量的，年輕人請多一點耐心，這位前輩講話的速度，是人生智慧的沉澱。」這句話既保護了長者，也提醒了後輩，語氣中蘊藏的是溫柔的提醒與高度的人際分寸。

真正的幽默，不是語言的噱頭，而是情感的深度。它能讓一段話多出溫度，讓一個對話少些尖銳，也讓彼此的關係更深、更柔軟。

微笑背後，是成熟與智慧的選擇

　　一個人的幽默感，不只是說笑的能力，更是一種看透世事後仍選擇溫柔對待的態度。在紛擾複雜的人際場域中，幽默像潤滑劑，不聲不響地化解對立、拉近距離，也讓你在人群中自然閃耀。學會在嚴肅中注入一點靈光，在誤解中留下一點轉圜，這樣的幽默，不只讓你更可親，也讓你更有力量。真正的魅力，往往不是說得多動聽，而是讓人願意聽你說話。

　　在這個步調急促、壓力繁重的社會裡，懂得用幽默看待生活，是一種成熟的情商。它不只是一種說話技巧，更是一種人生態度。面對矛盾與誤解，若能用一笑解千愁，不但能化解衝突，也能展現大度。高層次的幽默，往往是內心強大與自信的體現。

　　如果你願意練習、觀察，讓幽默融入你的語言風格，那麼無論是在人際關係、職場應對或公開演講中，你都能展現更有魅力的自己。記住，真正動人的不是華麗詞藻，而是一句能讓人心情好起來的溫暖話語。而幽默，正是這樣的存在。

第七章　說話藝術：說對話，避開人際陷阱

第八章
性格力量：
影響命運的內在關鍵

在人生旅途中，挫折與不幸是無法迴避的考驗。每個人都可能遇到低潮與困境，但真正能走到最後的，往往不是那些一帆風順的人，而是那些擁有堅持到底信念的人。面對打擊，有恆心的人不會輕易退縮，反而從中磨練出更強的意志；面對命運的不公，有毅力的人能咬牙承受，直到苦盡甘來。命運從不偏袒任何人，唯有不輕言放棄的人，才能翻轉困境，迎來屬於自己的希望與轉機。

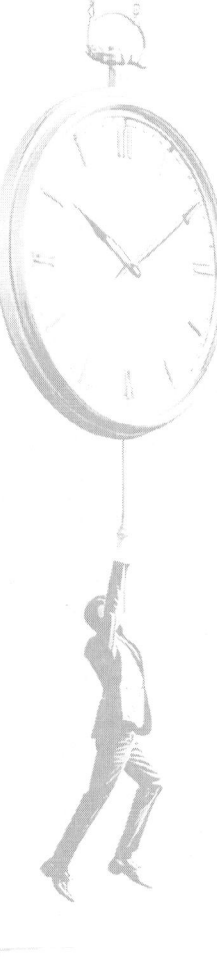

第八章　性格力量：影響命運的內在關鍵

忍下當下的痛，才能換來未來的路

許傑是一位剛進公司的年輕人。起初，他對未來充滿期待，但進入職場後才發現，現實並不如想像美好。他被分派到一個難搞的專案團隊，每天不是被資深員工忽視，就是被主管當成跑腿的人。會議上提出的意見沒人聽、工作成果也常被搶走功勞。

朋友勸他離職，家人也認為他不該委屈自己，但他只是淡淡一笑：「我還撐得住。」他沒有抱怨，也沒有退縮，而是默默記下每一項被否定的建議，回家後重新推演、優化，慢慢練就了一身解決問題的本事。

半年後，專案遇到瓶頸，團隊焦頭爛額時，許傑主動提出一個曾被退回的解法，出乎意料地成功解決難題。他沒搶功，也沒翻舊帳，只是在報告時穩穩地展現自己的專業。從那天起，主管對他的態度明顯改變，同事也開始主動邀他參與討論。他不是靠高聲爭辯贏得尊重，而是靠沉默的堅持，證明了自己的價值。

忍耐，是看得更遠

另一位例子是林品儀，她曾是藝術設計系的高材生，畢業後卻找不到理想的工作，只能暫時窩在一家文創店當兼職助

理。她每天打掃、收銀、包裝,不少同學在社群平臺上炫耀自己的「大展身手」,她卻連畫筆都碰不到。

但品儀沒有放棄,她利用下班時間幫店裡整理櫥窗設計,默默把自己的作品風格融入其中。雖然店長沒多說什麼,但她持續做了一個月後,有天,一位經過的客人對櫥窗設計讚不絕口,詢問設計師是誰,這才讓店長驚覺品儀的價值。

沒想到,這位客人竟是文創展的策展人,不久後品儀便獲得了人生第一次辦個展的機會。她從不覺得自己的忍耐是犧牲,而是一種等待時機的醞釀。「如果我當初急著離開,也許這個機會就跟我擦身而過了。」

堅持下來,你就會是最後站著的人

這個世界不是沒有痛苦與不公,而是那些選擇不放棄的人,最終會在沉默中練出真正的實力。成功從來不是一瞬間的光芒,而是一次次看似無聲的苦撐累積出來的厚度。就像狼不是靠咆哮贏得尊敬,而是靠靜默中堅持不懈的步伐走出風雪。

真正的強者,不是最會喊痛的人,而是那些即使遍體鱗傷,仍選擇不言棄、不動搖的靈魂。面對低潮,不必張牙舞爪,也不必急於反擊,把苦難當磨石,把冷眼當推力。你咬牙撐過的那段時光,會成為你未來說故事時最有力的一頁。

第八章　性格力量：影響命運的內在關鍵

專注一事，成功自來

一家設計公司的負責人正在招募一位行政助理，條件不高，但唯一的要求是：要有「專注完成工作的能力」。許多人來面試，履歷光鮮，但沒有一人過關。直到一位名叫于晴的女孩出現，整件事有了轉機。

這位主管的面試方式與眾不同。他不問太多問題，而是遞給每位應徵者一份看似簡單的整理任務，並請他們在辦公桌上獨自完成。但辦公區域中，有咖啡香、有同事高聲討論設計、有精緻的擺設與植物，甚至還有一隻在公司自由走動的療癒系柴犬。

大多數人工作不到一小時，就開始左顧右盼、看手機、被狗吸引。只有于晴，自始至終眼神沒離開手上的資料，完全專注地完成指派的任務。當主管走回她的座位時，她已經把所有資料整理成清楚易讀的報告，並準備好下一步要詢問的細節。

她後來被錄取，成為團隊中最受信賴的核心成員。主管說：「我不是要找能力最強的人，而是找能專心把事情做完的人。這才是真正能與時間對抗的實力。」

把時間用在一件事上，結果就不一樣

剛創業不久的插畫家林灝，曾經同時兼職四份工作：畫插畫、接文案、跑課程還經營社群。雖然他看起來很忙，但每項工作都做得不夠出色，收入也不穩定，生活常陷入焦躁與疲憊之中。

有一天他對自己說：「如果我只選一件事，全力以赴呢？」他毅然辭去其他工作，將所有時間投入插畫接案，設計風格、學習排版、跟進客戶、拓展作品集。他甚至把社群內容也專門聚焦在插畫相關的主題與分享。

半年後，他成為某知名圖文平臺的合作插畫師，不僅收入穩定，還出了一本繪本。林灝說：「以前我只是東抓一點，西抓一點，結果一事無成。現在我只做一件事，但它回報了我全部的努力。」

成功的差距，往往就在於是否能夠排除誘惑，持續專注。專心，不代表拘泥，而是對選定目標的忠誠；它不是死守，而是一種深刻的投入與堅持。

忍住多線誘惑，才能成就單線奇蹟

這是一個誘惑太多的時代，每天都有新資訊、新機會、新平臺，等著讓你分心。但真正讓人脫穎而出的，從來不是一時興起的多線操作，而是專注在一件事情上的長期累積。

第八章　性格力量：影響命運的內在關鍵

不被柴犬打斷工作的于晴，不再同時兼差的林灝，他們的共通點，不是天賦驚人，而是願意忍下短暫的躁動，把力氣投資在一個明確的目標上。別怕無聊、別急著跳槽、別總是懷疑選擇，只要你能靜下來、撐得夠久，就會看到努力開花的那一刻。

真正的自我克制，是拒絕當下的分心，是守護未來的可能。成功，往往就是從專注一件小事開始的。

不放棄的意志，是走出困境的起點

蘇語晨是一位老師，曾因推動偏鄉教育而獲得表揚。然而在她剛畢業那年，投身公益時卻遭遇了一次重創。那年她到南投深山服務，帶領一群學童籌備學校成立以來第一次公開表演，沒想到前一天晚上，暴雨淹沒了表演場地，器材全毀。家長們開始質疑：「是不是不該讓孩子浪費時間搞這些活動？」語晨面臨巨大壓力。

其他志工建議延期，甚至取消，但她堅定表示：「這不只是孩子們的一次演出，更是他們對自己能力的第一次相信。」於是，她一夜未眠，緊急聯絡支援，帶著學生把教室布置成簡易舞臺。隔天，孩子們在燈泡串聯出的燈光下自信演出，贏得全校師生與家長的掌聲。

那一刻，語晨明白：不是每一次的困境都有完美的出口，但每一次堅持到底的嘗試，都會成為人生的轉捩點。

信念與勇氣，是走向成功的燃料

王兆倫創辦了一家 AI 教育公司，起初幾乎沒人看好他。他連續五次向投資人提案都遭拒絕，還因此賠上了原本穩定的職涯與積蓄。他最難過的一次，是母親問他：「你真的要再去碰壁嗎？」但他平靜地說：「如果不再試一次，那我才真的失敗了。」

第六次提案時，他幾乎是用盡全身的誠意與決心，終於獲得了一家基金會投資。三年後，這家公司已經拓展到七個城市，為上萬名學生提供個人化學習服務。

他常對團隊說：「能撐過低谷的人，才配得上站在高峰。」

成功從不是一蹴可幾，而是在一次次跌倒後選擇再站起來，在一次次否定中仍不放棄相信。所謂的勇氣，不是沒有害怕，而是在害怕中依然前進。所謂的信念，也不是盲目衝動，而是即使看不見終點，也願意一步步走下去。

每一次再站起來，都是成就的累積

人生不會總是一帆風順，但也絕不會永遠黑暗無光。在挫折面前，選擇繞道是本能，選擇面對才是修養。真正的成功，不是從不失敗，而是每一次失敗後，都能重新整裝再出發。

第八章　性格力量：影響命運的內在關鍵

永不言敗，不是口號，而是行動。是無數次在夜裡擦乾眼淚、依然早上準時出門的自己；是一次次被拒絕後還願意說：「我再試一次」的你。

每一個今天不放棄的人，終將在未來的某一天，驕傲地說：「我撐過來了。」

能堅持到最後的人，才是真正的贏家

林昕從高一開始就立志參加全國英文演講比賽。她並不特別聰明，甚至在剛進學校時，連一句完整的英文自我介紹都說不好。老師建議她每天錄音練習發音十五分鐘，再寫一段小短文作為自我練習。

「每天十五分鐘而已嘛，應該不難。」班上許多人這麼說，也都嘗試過。但一週過後，大家便三三兩兩放棄，只剩林昕一個人仍然堅持。

風雨無阻，她每天早上準時站在校園角落練習，午休時在自修室默默背稿，下課後錄音，回家聽自己的發音再重複練習。沒有人知道她花了多少個夜晚哭著重錄，只知道高三那年，她站上全國總決賽的舞臺，氣定神閒，說出流暢動人的英文演講，獲得了當屆第一名。

有人問她為什麼能堅持到最後？她只是淡淡一笑：「因為我知道，大部分人會半途而廢，只要我撐住，自然會留下來。」

很多事情，看似不難，難的不是開始，而是從不讓自己停止。

最後一哩路，決定你是誰

一間建設公司曾徵選室內設計實習生，眾多競爭者中，來自科大的畢業生陳兆宇並不突出，作品不算最華麗，學歷也不頂尖。但在進入實習階段後，他卻是唯一一位不嫌麻煩、願意熬夜留下來整理現場材料的人。

有一次，公司一棟接近完工的樣品屋，負責人臨時請假，現場一片混亂。許多實習生都避之唯恐不及，只有陳兆宇留下，確認施工是否符合設計圖，一邊聯絡負責人，一邊修正資料。即使那天凌晨兩點才收工，他也沒有半句怨言。

完工當天，董事長親自視察現場，發現多處細節比預期還細膩，問：「這是誰負責收尾的？」主管指著角落還在擦灰塵的年輕人說：「是那位實習生。」

一個月後，陳兆宇被破格錄取為正職設計師。因為，他不只是完成任務，而是堅持到了最後。

在職場與人生中，真正的分水嶺常常不在起跑線，而是在結尾時是否還願意用心做完每一步。成功者與平庸者之間，往往只差那「最後五分鐘」的努力與堅持。

第八章　性格力量：影響命運的內在關鍵

成功是留給那群堅持到底的人

我們常常高估短期的努力，卻低估長期的堅持。一件事若值得開始，就值得做到最後。許多事情的難度，不在於技術，而在於日復一日不見成效的孤獨與乏味。而正是這些看似不起眼的堅持，才能鑄就日後的光芒。

所以，無論你正在學習、工作、創業或經歷低谷，請記住：繼續往前走，不要停。也許成功還不在眼前，但堅持下去的人，總會成為讓人羨慕的存在。

你無需成為最快、最強的人，只需要成為那個還在跑、還沒停下來的人。當其他人紛紛放棄，你仍默默向前，那麼，終點線就只屬於你。

困難當前，也要迎頭而上

剛畢業的宜庭進入一家五星級飯店工作，對於從小在高壓環境長大的她來說，這份工作是夢想的開始。她滿懷熱情地投身職場，期待著可以從基層做起，慢慢晉升至櫃檯或客務部門。

然而，她的第一項任務，卻是被指派到地下樓層做房務清潔。每日負責清洗公共廁所與儲物空間，並沒有與客人接觸的機會。她看著鏡中的自己，身穿制服、手握刷具，心裡

不免有些沮喪。

第一天工作下來，她幾乎在清洗馬桶時忍不住想吐，眼淚也在角落偷偷滑下。她甚至一度想向主管提出調職，但轉念又想到：「才剛開始就退縮，那未來遇到更大的困難，我要怎麼辦？」

在連續幾週的煎熬後，她遇見了另一位資深員工，年約五十、大家都稱他阿益師。他沒有說教，只是默默地陪她一起刷洗，細心示範如何不讓清潔劑刺鼻、怎麼仔細檢查每個馬桶邊緣，最後還輕描淡寫地說：「做好一件不起眼的事，就沒有人敢小看妳。」

那一刻，宜庭不再糾結於工作的位置如何，而是開始專注於把每個角落刷得透亮。她甚至主動研發一套清潔 SOP 流程，將每間洗手間做標記、細節量化，讓整個部門的效率提升不少。三年後，她晉升為客房部經理，協調與訓練新進人員。

她從沒忘記，自己是從最底層站起來的，也正因為咬牙堅持下來，才能真正理解職場的重量與榮耀。

難的不是工作，而是選擇面對困難的心

職場上真正考驗一個人的，從來不是技能，而是面對逆境時的態度。有人遇到麻煩第一時間就想推辭，有人則選擇迎難而上，哪怕心裡沒底，也願意試著扛起責任。

第八章　性格力量：影響命運的內在關鍵

　　像公司行銷部的專案經理偉承，在年度重點企劃被臨時交辦主導時，正值他準備結婚的前夕。其他同事都以為他會婉拒，沒想到他反而主動請纓。即使婚禮籌備壓力繁重，他仍白天拚案子、晚上寫流程，努力整合所有團隊意見。

　　最後，這個專案成為年度最成功的活動，公司也破天荒在年終會議上給予他特別獎勵。有人問他怎麼做到的，他只說：「我不想以後想到這個機會時，留下遺憾。」

　　原來，所謂能力，不是你會多少，而是你願不願意多做一點。能撐下來的人，才有資格挑戰更高的位置。真正的強者，不是從來沒跌倒，而是跌倒後還願意再站起來。

先撐過眼前關卡，才有資格談理想

　　面對困難，退縮永遠是最輕鬆的選項，但那也代表著，你將永遠只能待在起點。人生中那些轉變命運的契機，往往是你選擇不放棄的時刻。能扛起不想做的任務、能承受讓人想逃的壓力，這樣的人才真正值得託付責任、值得交付未來。

　　選擇面對，而不是逃避，是每一個成熟的職場人該有的態度。不論眼前任務多麼繁瑣或艱辛，只要你踏實做下去，總有一天會發現，那些你以為撐不過的瞬間，正是你蛻變的開始。

失敗無礙，只要還有一次站起來的勇氣

喬涵是位初出茅廬的創業家，帶著她自創的保養品牌，四處拜訪百貨公司與通路合作，希望能在市場站穩腳步。然而，連續六間公司都婉拒她的提案，不是認為品牌辨識度太低，就是覺得市場競爭太激烈。

第七次，她來到一家高端選物店遞交簡報，主管卻毫不留情地說：「這類產品太多了，看起來毫無特色，不如早點收手。」這番話無異是一記重擊，喬涵一度萌生放棄的念頭。她質疑自己：也許我真的不適合走這條路。

但回家後，她翻看這段時間拜訪的紀錄，發現幾乎每個被拒的理由都圍繞在品牌辨識度與產品定位不清上。她沒有選擇停下腳步，而是重新邀請一位資深設計師合作品牌重塑，並針對女性「安心、簡約與潔淨」的使用需求重新包裝理念。

三個月後，她再次聯絡當初那位說「不如收手」的主管，這次她以嶄新品牌理念提出合作提案。沒想到對方改變了態度，不僅點頭合作，還給予一個黃金陳列櫃位。

喬涵的轉機，正是從一次次失敗中淬鍊出來的。她沒有一味逞強，而是懂得從錯誤中提取線索、轉向調整，才終於打開了通往成功的大門。

第八章　性格力量：影響命運的內在關鍵

百折不撓，是對未來的最高禮敬

真正困住我們的從來不是外界的否定，而是被拒絕一次後，就再也不敢嘗試的自己。職場上太多人在第一道門被關上時，就認定自己沒有資格再敲下一扇門。其實，越是困難重重，越代表成功就在不遠處。

宏文在求職時曾連續被 12 家公司拒絕，甚至有一次面試被主考官當面嘲諷：「像你這樣學歷普通、口條也不特別的青年，進不了我們公司，別浪費時間了。」這句話讓他夜裡躲在陽臺默默流淚，但第二天他依舊穿好西裝繼續面試。

他並不是盲目堅持，而是每一次被拒後都會記錄面談內容、自我回顧與提升。第 13 次，他成功進入一間媒體公司，起薪雖不高，卻讓他進入了產業的第一線。五年後，他已是該公司的副理，成為團隊中最懂客戶、最有親和力的推手。

他的經歷告訴我們，所謂百折不撓，不是你不會痛、不會氣餒，而是即使跌倒了、灰心了，心中仍保有一絲信念，相信自己還能再試一次。

成功從不拒絕有決心的人

人生的路上，有些人會因一兩次失敗便打退堂鼓，有些人則把每一次失敗當成墊腳石。當前方不再有捷徑，唯有走下去才是出路；當掌聲還未到來，唯有堅持才配得上期盼。

百折不撓,不是口號,而是一種面對現實的勇氣。那不是不會跌倒,而是在跌倒後依然選擇站起。就像硬幣的正反面,挫折與突破,往往只在一念之間。唯有那些願意不斷試錯、持續修正的人,才能在混亂中找出方向,在困局中找到出路。

　　成功並不專屬於天才或幸運兒,而是屬於那些明知不易,卻仍選擇堅持到底的人。

第八章　性格力量：影響命運的內在關鍵

第九章
思考模式：
用對方法，事半功倍

　　人們之所以做不到某些事，往往並非因為缺少資源或能力，而是因為缺乏突破框架的想像力與開闊的觀念。許多限制，其實源自於我們內心的侷限。如果想要在競爭激烈的世界中脫穎而出，獲得成功的青睞，就必須從改變思考模式開始。唯有跳脫舊有的思考模式，以積極、靈活的心態面對挑戰與選擇，人生的路才會越走越寬，機會也才會不斷向我們靠近。

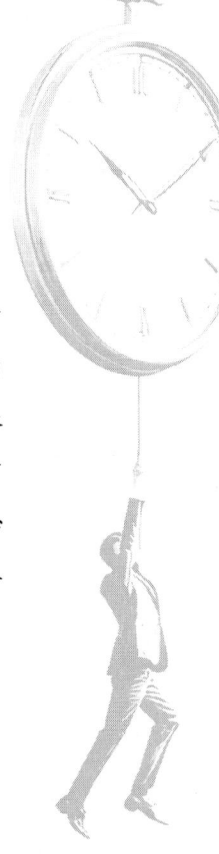

第九章　思考模式：用對方法，事半功倍

靈感，往往藏在最不被重視的地方

多年前，臺北一家麵包店因為銷售長期不佳，面臨歇業危機。店主陳怡安每日清晨四點親自揉麵團、烘焙，但即使品質不差，卻總是門可羅雀。她試圖打折促銷、增加品項，仍無法扭轉局勢。

某天，一位大學設計系學生小葉來打工。他無意中提起：「妳不覺得這些麵包看起來都太普通了嗎？要是像玩具一樣可愛，或許能吸引年輕人。」一句話點醒了陳怡安。

她開始嘗試製作「角色造型麵包」，有笑臉吐司、動物奶油麵包、小朋友最愛的彩虹乳酪捲。一開始只是擺在櫃檯當試驗品，但沒想到拍照打卡的年輕人愈來愈多，甚至有網紅主動來合作。

三個月後，原本生意清淡的麵包店，每天一早就排滿人潮，還接到企業訂單與通路邀約。如今，她的麵包品牌成為創意烘焙的代表之一。

許多創新，並非來自實驗室或高科技研發，而是來自於對生活中細節的重新理解。當你願意用不同的角度去看老問題，答案也許早就藏在你腳下，只是過去你未曾留意。

別怕「異想天開」，那是創新的起點

在一場國際學生競賽中，一組高中生團隊設計了一款自動垃圾分類機。這原是科展作業，老師原本建議他們製作節能燈具，但其中一位學生阿哲說：「我們每天被垃圾桶分類煩死了，為什麼不直接做一臺幫人分類的機器？」

當時，大家覺得這想法太跳 Tone，不太可能實現。但在阿哲的帶領下，團隊決定挑戰看看。他們四處請教工程師、回收業者，自行設計結構，連夜測試 AI 辨識程式，歷時五個月，終於做出能區分金屬、塑膠與紙張的簡易分類系統。

成果出爐後，不只在競賽奪得佳績，還引起媒體報導，更有綠能基金會主動資助他們進一步開發。阿哲後來進入大學繼續研發永續產品，立志成為綠色工程師。

他說：「如果當初我們乖乖照老師的建議走傳統路線，現在可能早就被人遺忘了。創新從來不該只走安全牌。」

創新並不是故作標新立異，而是願意打破習慣性的思考模式，從日常中找出真正的需求。每一個讓人眼睛一亮的點子，背後都是勇氣與實驗的累積。

第九章　思考模式：用對方法，事半功倍

換一個角度看世界，才能走在前面

創新的本質，就是從熟悉之中長出陌生的枝芽。突破常規，不是反叛，而是前進的必要條件。如果一味跟隨現成的道路，我們永遠只能走到他人走過的地方；唯有改變視角、重新定義問題，才可能開闢新路。

創新並不專屬天才，也不是特權。它只需要你不安於現狀，願意多想一步、多看一眼、多問一個「為什麼不？」當你跳脫舊有框架，就會發現其實每個人都能是創意的源頭。

所以，別再害怕犯錯、質疑自己。真正阻礙創新的，不是能力，而是思考的懶惰。讓我們把常規當成起點，而非終點，從此處出發，走向每個可能的新世界。

拋開直覺反應，從反面找出路

咖啡廳老闆林育誠曾面臨一場難以化解的經營危機。疫情期間，觀光人潮驟減，店面租金與人事成本卻持續增加，讓他備感壓力。過去靠網美打卡、甜點吸睛的經營模式已經無法支撐，他和妻子一度考慮歇業。

某天夜裡，林育誠邊清點庫存，邊嘆氣地問自己：「我到底該怎麼做，才能不再讓這些甜點白白浪費？」他突然靈光一閃：

「是不是因為大家都認為咖啡館就是來悠閒打卡的地方？那我如果顛覆這個期待呢？」

他做出一個極不尋常的決定——將店內打造成「最不適合久坐」的空間。他換掉舒適沙發椅，改成高腳立食吧檯，並推出限時 30 分鐘的快速甜點套餐，主打「高效率約會」、「趕上會議前的下午茶」。不但設計簡潔清爽，還提供顧客提前預訂、即到即取的服務。

起初，連員工都質疑：「這不是趕客人走嗎？」但意外的是，短時間內吸引了大量通勤族、上班族與不愛排隊的客人。這家原本快撐不下去的小咖啡館，居然靠「逆向服務體驗」打出一條血路，媒體還以「最沒有時間讓你浪費的咖啡館」為題進行報導。

林育誠說：「大家總以為開咖啡館要越舒適越好，但我反過來思考：在節奏快速的社會，『被限制』反而是一種特色。」

換個角度，就能找到新價值

另一位創新者是自行車維修師傅楊順安。他經營一間老舊車行，生意平平，因為附近年輕人多半騎機車或開車，幾乎沒人再買腳踏車。他一度想放棄，直到一次偶然機會，他在修理一輛舊車時，靈感來了——如果這些「報廢車」不是廢物，而是有故事的材料呢？

第九章　思考模式：用對方法，事半功倍

他開始主動向社區募集老舊腳踏車，免費收購並翻修，每輛都重新設計塗裝、配件，甚至在車身標上「編號」與車主故事。有的車是祖父留下的紀念、有的是環島旅行的見證，每臺都獨一無二。

最初只是嘗試，沒想到掀起一股「復古騎士風」風潮，還吸引藝術學院與文創品牌合作聯名。楊順安一夕之間從「過氣車行老闆」，搖身一變為「單車記憶職人」，更在各大市集與展覽中展出他的復刻車系列。

他笑著說：「誰說舊東西沒價值？你若能看到它們的另一面，它們就會自己發光。」

倒著看世界，人生更清晰

我們習慣沿著眼前的邏輯去思考事情，也總被「這應該就是對的方式」所制約。但有時候，真正的答案，恰恰藏在被我們忽略的反面。逆向思考，不是詭辯，而是一種跳脫窠臼的勇氣，是當所有人都往東走時，你敢試試看西邊是否也有出口。

成功，不一定是那些聰明得天獨厚的人所專屬；很多時候，它來自於一個願意反過來思考、不怕嘗試錯誤的普通人。從今天開始，當你面對卡關的問題，不妨問問自己：「我是不是太照規則來了？我能不能換個角度思考？」這一問，或許就會是你創造奇蹟的起點。

想像力，是通往無限可能的鑰匙

有位被學生暱稱為「阿勇老師」的數學老師，平日上課認真負責，但鮮少有學生真的愛上他的課。直到某天，學校安排科展，他被指派帶領學生製作一個與數學有關的創作專案。

起初，學生們毫無頭緒。阿勇老師沒有急著指定題目，而是帶學生們去操場走操步、觀察校園窗戶格子、留意便利商店裡飲料瓶的標籤弧度。他每天只問一句：「這背後有什麼數學？」學生們漸漸被引導進入「生活中的數學」，並開始對日常產生了不同的想像。

最後，有位平常數學成績中下的學生提出：「如果我們做一個『不規則彈跳球』，讓它每次彈跳都出乎意料，是不是也可以用數學模擬它的路徑？」這句話成了啟動整個創作的起點。他們運用不同密度的材質，設計出「亂跳球」，還模擬其彈跳軌跡與速度公式。這個創意作品最終不僅奪下佳作，也讓許多學生第一次感受到：「原來數學，也可以這麼有趣。」

阿勇老師在筆記裡寫著：「想像不是天馬行空，而是把日常看膩的東西，重新賦予生命。」

第九章　思考模式：用對方法，事半功倍

勇於幻想，是成功的起點

　　一位年輕的園藝設計師黃韻如，原本只是幫人整理庭院、修剪樹木，過著平凡務實的生活。某次下雨時，她在修剪完一片灌木叢後，忽然看著地上積水與殘枝，心中浮現一個畫面：「如果我把樹枝插在小水塘裡，再鋪上鵝卵石，會不會像一座微型森林？」

　　這個靈感讓她開始研究「微景盆栽」，不再只是簡單的多肉植物組合，而是打造出一整片宛如童話般的小世界。她想像樹枝是巨木，青苔是山丘，甚至手工製作迷你動物與木屋擺件。她將這些創作放上社群平臺，短短三個月便吸引上千粉絲，還開始接到展覽與訂製邀約。

　　有客人問她：「妳怎麼想得到這些構圖？」她笑著說：「我只是想像我變成一隻螞蟻，住在森林裡，會看到什麼。」

　　從一場午後的靈光，到微型世界的構築，韻如用想像力轉變了職業生涯，也讓自己從幕後匠人，走向創意設計師之路。

讓想像成為人生的燃料

　　想像力並非特權，它是人類與生俱來的潛能。關鍵在於你是否願意張開感官，去觀察、去聯想、去幻想。真正的想像不是脫離現實，而是對現實的重新詮釋。每一個天才創作的背後，都有無數次對「可能性」的追問與假設。當你面對困境時，不妨

問問自己：「如果我換一種方式想呢？」

唯有勇於想像，才能走出慣性的牢籠；唯有不怕荒唐，才能創造嶄新世界。讓我們從今天起，保留一顆童心，讓想像力繼續為生活添上色彩，為人生打開更多未知的大門。

危機中靈光乍現

早餐店老闆鄭浩宇原本是一名設計系畢業生，畢業後輾轉做過幾份設計相關的工作，卻因為公司裁員與收入不穩而一度失業。為了生活，他跟朋友合資開了一間早餐店，但剛開始業績不佳，店面位置也不理想，幾乎每天都在苦撐。

眼看資金快撐不下去，浩宇開始反思：這麼多早餐店，客人為什麼要選我們的？他決定換個方向思考，把目光放在「上班族的需求」上。他每天站在店門口觀察，發現上班族時間緊迫，常常連早餐都沒空慢慢吃，甚至有人是邊走邊啃吐司，狼狽又手忙腳亂。

於是，他突發奇想，把菜單上的常見吐司餐盒重新設計，將「手拿餐」的概念融入其中，例如一手就能拿的厚片蛋餅堡、用袋裝咖啡杯盛裝的熱豆漿，讓上班族可以單手拿餐、邊走邊吃。更重要的是，他在店門口設了一塊告示牌：「五分鐘內沒出餐，早餐免費。」

第九章　思考模式：用對方法，事半功倍

這樣的創新思考不僅解決了效率問題，也傳遞出「重視客人時間」的形象。幾週後，店裡生意開始轉好，甚至吸引不少媒體報導，浩宇也因此創立了「行走早餐」的品牌，開設了分店。他笑說：「不是我比別人聰明，而是我願意多想一步。」

思考，是打開未來的鑰匙

國小老師林雅婷長期關注學童的閱讀能力，但也觀察到班上有三分之一的學生對文字明顯排斥，尤其對教科書與長篇閱讀顯得沒耐心。傳統教學似乎難以提升他們的學習動力。

面對這樣的困境，雅婷開始思考如何將「閱讀」變得有趣。她回想自己小時候最喜歡聽外婆講故事，於是她試著將教學內容結合故事角色，讓學生進入「情境式閱讀」。她還把課堂變成一場「解謎遊戲」，學生閱讀完一篇文章後，要根據線索推理出主角的動機或下一步行動。

這樣的課程設計不僅大大提升學生的參與感，還意外激發了幾位學習成績偏低的孩子的閱讀熱情。他們開始主動借書、寫心得，有學生甚至在學期末閱讀測驗中拿下高分。雅婷說：「我只是換個角度想──不是讓孩子讀書，而是讓孩子想讀書。」

這些看似小小的轉變，都是從一個「為什麼會這樣？」的問題開始，一個願意思考的人，總能在他人忽略的地方找到突破點。

思考，是最堅實的資產

不論你處在什麼年齡、什麼位置，善於思考永遠是通往成功最可靠的捷徑。一時的困境可能令人沮喪，但若能停下腳步、多問幾個「為什麼」、換個角度重新審視問題，也許就能走出截然不同的路。

真正厲害的人，不是懂得最多的，而是最懂得思考的人。思考能將平凡的資源轉化為非凡的機會，能讓人從失敗中萃取經驗，甚至能在絕望中看見出路。在這個充滿挑戰的世界裡，唯有不斷思考、不斷學習，才能讓我們站穩腳步，走得更遠。

用同理心拆解誤會的牆

獨立書店的店長林玟汝，一直以溫暖服務著稱。但就在某次新書發表會前夕，一位新進員工因誤解書籍擺放方式，將全場展區重新布置一次，打亂了原本規劃多日的動線。玟汝得知後當場氣急，當著其他同事的面嚴厲責備了那位年輕員工，現場氣氛瞬間僵住。

事後，那位新進員工在 LINE 上傳來辭職信，只留一句：「我努力想幫忙，但可能我不適合這裡。」

這封訊息讓玟汝一夜未眠。她開始反思，自己是否因壓力過

第九章　思考模式：用對方法，事半功倍

大，忽略了對方出於好意的出發點？她靜下心來換個角度想，如果自己是新手，一頭熱地幫忙卻被責備，是否也會一樣受挫？

第二天一早，玟汝親自找那位同仁聊聊，她沒有再提責備的事，而是先道歉：「我昨晚想了很久，如果我是妳，也可能不敢再來。我不是要否定妳的努力，只是自己太焦躁了。」這番話讓對方紅了眼眶，也讓誤會煙消雲散。

後來，這名員工不但留下來，還成為書店最穩定的夥伴之一。玟汝深刻體會：「換位思考，其實不難，難的是在情緒湧現的時候，還願意停下來去理解對方的立場。」

感受對方的立場，才能真正解開心結

經營手工甜點的小林，與一間知名瑜伽教室合作已有三年，固定每週供應課後的能量補給點心。她主打低糖無添加的健康甜品，深受學員喜愛，合作一直穩定愉快。

某天，她如常送去點心，包含自製的紅豆乳酪塔與燕麥堅果球，卻在當天下午接到瑜伽老師的語音訊息，語氣明顯帶著壓抑的怒意：「乳酪屬於奶製品，我們今天有兩位全素的學員，結果吃到含乳的點心，這對我們來說是很重大的疏忽。」

當下小林立即道歉，並提出願意補送全素點心並退費，但對方仍表示失望，甚至在粉絲專頁公開提醒其他合作單位「勿輕忽飲食細節」，雖未點名，但留言中已有不少熟客猜出指的是她。

小林一開始感到相當委屈，自認已反覆確認食材與品項，怎麼會引發這樣的反彈？但她沒有立即回應，而是選擇安靜地回顧整個流程。回想起自己曾因為某次廟會收到錯誤的供品，內心極不舒服，那是一種「被誤解了信仰與原則」的感覺。

隔天一早，小林親自提著剛做好的全素甜品來到教室，向對方說：「我真的理解您的堅持，就像有些食物，是我不會在拜拜時放上的，那不只是口味問題，而是內心的一種敬重。」

對方聽完愣了一下，沉默片刻後回應：「其實我也知道妳不是故意的，只是這件事讓我很失望。」小林接著說：「這次是我疏忽，我沒想清楚那幾樣點心是否每樣都符合您的全素需求，希望還能有機會補回這份信任。」

不到一週，瑜伽教室不僅恢復訂單，還主動邀請她參與年底的健康市集活動，並推薦她給其他兩家合作場地。小林事後回想，最關鍵的不是她道歉得多誠懇，而是她能走進對方的「在意」，理解那份不容妥協的原則。

換位思考，讓你走得更遠

當人與人之間出現誤解與衝突時，我們最常做的反應是堅持立場、說明自己。然而真正能化解矛盾的，往往不是誰更有理，而是誰更願意先放下自我，走進對方的立場看看。理解他人的難處，也讓別人感受到你願意理解的那份真心。

第九章　思考模式：用對方法，事半功倍

換位思考並不等於退讓，也不是自我貶低，而是一種進階的思考方式，是一種有力量的智慧。它不只存在於職場或家庭，更是與人建立連結的重要關鍵。當你願意為他人多設想一步，生活中許多不必要的爭執將不再出現。

若你希望被理解，那就先理解他人。世界不會因你強硬而改變，但它一定會因你願意「換位」而柔軟下來。

跳脫慣性，才能看見另一條出路

林子翔是一位在大型建設公司任職多年的資深空間設計師，擅長規劃住宅動線，累積了不少成功案例。這些年，他所堅持的風格和格式幾乎成為公司標準流程，一度被後輩奉為「黃金模板」。直到有一天，一場意外的提案失利，徹底讓他重新審視了自己的工作方式。

那是一個針對新創品牌「共生宅」的室內空間設計比稿。林子翔理所當然地沿用了過往高級住宅的設計邏輯，強調動線分區、隱私設計、功能對等，卻完全忽略了「共生宅」強調共享、開放、人際互動的核心概念。提案發表當天，業主婉轉地表示他的設計「過於傳統、過於安全，少了想像」。

這對林子翔來說是一記當頭棒喝。他習慣的「經驗」和「邏輯」，竟然成了眼前最大阻力。他回辦公室後靜坐許久，終於坦

承,自己這幾年一直在用同一組解題公式解所有的題,卻沒發現題目早就變了。

後來,他主動請纓重新提案,拋下習慣使用的設計模板,拜訪實際使用者、重新研究共享生活的行為模式。他甚至請朋友帶他住進類似的共生公寓幾天,體驗空間動線與人際互動的真實感受。三週後的新提案獲得全場一致通過,不僅成功爭取到案子,還讓他重拾多年未有的熱情。

他後來寫在筆記本的一句話成為他新的設計信念:「當我停止重複自己,我才開始重新創造。」

看不見的機會藏在常識之外

劉品儀在臺中經營一間小型烘焙坊,主打手工天然麵包與在地食材。但開業半年以來,來客數始終平平。她嘗試打廣告、換包裝、辦試吃會,都收效甚微。朋友建議她加入外送平臺,她卻認為:「麵包哪有可能靠外送?到家早就冷掉又軟爛,誰會想吃?」

直到某天,她無意間在網路看到一篇文章,提到日本一家麵包店開發了「半熟冷藏麵包」,客人只要回家用烤箱烘烤五分鐘,就能吃到剛出爐的口感。這讓她靈光一閃:或許她該放下「麵包一定要現場吃」的老觀念。

她開始測試適合冷凍包裝的麵包種類,並附上簡易烘烤說

第九章　思考模式：用對方法，事半功倍

明。她還主動拍攝短影片，教大家如何回烤保存麵包。搭配這樣的轉變，她重新設計了包裝，強調「無添加、耐保存、自家回烤也能吃到現烤口感」，上架一週後，訂單量暴增三倍。

最讓她驚訝的，是有顧客特地留言感謝：「我住花蓮，原本根本沒辦法吃到妳們的麵包，現在終於可以了。」

她這才驚覺，自己過去認定為「不可能」的，正是顧客們真正的「需求」。所謂常識，有時其實是限制創新的障礙，而不是真理。

越是熟悉，越要保持懷疑

慣性思維最可怕之處，在於它不會顯而易見地阻止你，而是悄悄讓你停在原地。當我們過度依賴舊有經驗時，就容易忽略變化的訊號，甚至誤把一成不變當成安全感。

跳脫慣性，不代表全盤否定過去，而是願意重新審視是否每一步仍適用於當下。我們常說「走出舒適圈」，但更實際的挑戰，其實是「跳出習慣腦」。保持對舊經驗的警覺，敢於質疑「一直以來都這樣做」這種話語，才有機會看見新的可能。

在這個變化快速的時代，真正的穩定不是靠堅守舊法則，而是靠不斷更新自己的思考方式。唯有勇敢地放下慣性思維，我們才能持續創造、持續前進，在看似熟悉的世界裡，開闢出屬於自己的全新道路。

跳出舊框架，開拓新路線

　　黃瑞婷是一位種植有機蔬菜的小農，靠著販售小包裝蔬果給社區住戶維生。她每日清晨親自採收，分類打包，再一戶戶送達，忙碌卻也踏實。這樣的生活持續了三年，直到疫情讓許多社區封閉、訂單驟減，黃瑞婷陷入前所未有的低潮。

　　她試著降價、送優惠，甚至增加商品種類，卻仍無法挽救頹勢。她痛苦地想：「我不就是誠懇種菜、認真送貨，為什麼還是撐不下去？」直到有天她在網路上看到一則「無人蔬菜櫃」的分享，一個念頭突然浮現：「我為什麼一定要一戶一戶送？有沒有可能改變交貨模式？」

　　於是，她在幾個社區大樓大廳設置透明冷藏蔬菜櫃，每週補貨兩次，社區住戶透過 LINE 預訂或現場取貨付款。起初還擔心無人看管會被偷取，但沒想到，不僅秩序良好，住戶反而對這樣的便利頻頻稱讚：「感覺像在自家樓下有個農夫市集！」

　　這個簡單的轉念，讓黃瑞婷不必再日夜奔波，訂單數量反而比過往翻了一倍。她甚至接到幾家企業合作邀請，將「社區蔬菜櫃」模式拓展至辦公大樓與學校。

　　「不是我種得比較好，只是我願意從舊方法中跳出來，重新定義什麼是『販售』。」她在一場地方創生論壇上分享說道。

第九章　思考模式：用對方法，事半功倍

小餐車的另類轉向

在青年創業基地中，有個年輕人叫許崇恩。他大學時唸的是機械，畢業後卻一頭栽進餐車市場，主打現做炙燒雞肉捲。他的手藝不錯，味道也夠水準，但幾個月下來，業績平平。

每個晚上他都拉著餐車在人來人往的夜市設攤，風大日晒、蚊蟲叮咬樣樣來。他觀察旁邊的鹽酥雞攤、牛排攤人氣興旺，便想跟風推出炸物組合，結果卻反應冷淡。他也試著大喊促銷、發放折價券，但成效有限。

直到某天，他在家滑手機時，看到有人將夜市食物「冷凍即食化」，推出真空包裝的家庭料理包。他一邊看，一邊想：「我的雞肉捲做成冷凍包，真的有人會買嗎？」這個想法剛出現時，他是懷疑的；但回過頭想想，他每日現場備料、現場烹調、風雨無阻，不也是另一種慣性？

他花了一週研發冷凍版雞肉捲包裝，製作食用說明與影片，並把產品上架到自己的社群網站。沒想到短短半個月，就賣出了他過去三個月餐車的總營業額。他的餐車不再流浪，而是改為每週一至兩天做熟食快閃活動，其餘時間則專心經營網路販售。

「我只是換了一條路，才發現原來我一直在彎道裡兜圈子。」他笑說。

習慣未必可靠，要學會轉彎

人們常以經驗為師，卻不知，經驗在不同情境下也可能變成阻礙。當我們過度依賴熟悉的做法、既定的邏輯時，很可能不自覺地陷入了思考的「自我設限」。

那些能在人生路上突圍的人，並非一開始就擁有比別人更多的資源或天賦，而是能在關鍵時刻打破既有思考框架，看見另一條從沒走過的路。他們勇於質疑過去，勇於重新定義「怎麼做」才是最適合自己的方式。

所以，當你覺得困在某個局面走不出去，不妨問問自己：「我是不是又在重複同樣的選項？還有沒有我沒想到的可能性？」也許只要換個角度，世界就變得不同了。

真正的成長，來自於「敢於懷疑原來的自己，並願意改變原來的方式」。

第九章 思考模式:用對方法,事半功倍

第十章
學習不輟：
用知識翻轉人生

　　人生是一場持續不斷的學習旅程。若停止學習，就等同於停止成長，而停滯不前的人，終將被快速變動的社會拋在後頭。在這個知識更新迅速、競爭激烈的時代裡，唯有持續充實自我、主動學習，才能不被時代淘汰、不被環境邊緣化。想要在變局中站穩腳步，唯有讓學習成為日常的一部分，讓求知成為生活的習慣。當我們真正做到「活到老，學到老」，才能不斷拓展視野，累積智慧，一次次擁抱屬於自己的成功與成長。

第十章　學習不輟：用知識翻轉人生

學習，讓人生不斷升級

剛進入職場時，楊哲在一家小型文創公司擔任助理設計師。薪水不高，生活也不寬裕，但他每天下班後仍堅持上線上課程，甚至把週末都排滿閱讀與練習時間。朋友笑他：「都工作這麼累了，幹嘛還折磨自己？」但楊哲只是淡淡地說：「我不希望五年後還是現在的自己。」

那段時間，他每月固定撥出一筆錢買設計書籍、參加講座，日子雖然緊，但他的作品越來越成熟，對市場的敏感度也大大提升。三年後，他跳槽到一家大型廣告公司，薪資翻了三倍。主管甚至稱讚他：「看得出你是下過苦功的人。」

楊哲始終相信，學習不是為了考試，也不是為了炫耀，而是為了讓自己有能力做出選擇、創造機會。若沒有當初那段堅持學習的時光，他可能還在原地羨慕別人飛得高。

持續學習，是成長的必經之路

在快速變動的世界裡，唯有持續學習的人，才能站穩腳步、不被淘汰。學習就像是種下的一顆種子，不會馬上結果，但終有一天會開花。知識是自我改變的工具，是與世界連結的橋梁。

學習的形式不拘一格，重點在於主動去尋找答案。有人透過閱讀開拓視野，有人靠旅行學會與人相處，有人透過錯誤累

積經驗,所有的過程其實都是在自我教育。

面對未知,我們常感到徬徨,但若願意多問一個為什麼、多翻一頁書、多觀察一件小事,轉念之間便是破口。真正的學習,不只增加知識,更在於理解自我、找到方向,培養選擇的能力。

打開思考模式,迎接人生的無限可能

當你願意靜下心來問自己:「我現在還缺什麼?我想成為什麼樣的人?」你已經站在成長的門檻上。別小看每一次的累積,就算每天只讀十頁書、一週學會一個技能,持之以恆,總有一天會讓人刮目相看。

學習並不總是充滿快樂,也常會卡關或懷疑自己,但那正是前進的徵兆。唯有持續學習,才能打開更大的世界,看見未曾想像過的自己。

停止學習,就是停止成長。願你在人生的每一個階段,都能抱持學習的熱情與謙遜。哪怕慢一點,哪怕繞遠路,只要你不放棄學習的習慣,未來一定不會辜負你。真正決定人生高度的,不是起點,而是你願意前進的那個決心。

第十章　學習不輟：用知識翻轉人生

謙虛是成長的捷徑

李芸剛進設計公司時，是位剛從學校畢業的新鮮人。她擁有優秀的學歷、扎實的設計技術，但在第一個提案簡報中，她的企劃被主管一語打槍，原因不是作品不夠美，而是她對客戶需求的理解不夠深入。

她一度懷疑自己是不是不適合這個職場，但後來，她注意到部門裡一位資深同事總能準確掌握客戶心思，提案成功率極高。於是，她主動請教這位同事，請對方帶她一起跑客戶、參與簡報，甚至自願幫忙整理會議紀錄，只為從對方身上學到更多。

一開始她覺得自己懂很多，但愈接觸實務才發現自己懂的太少。她學習如何聆聽、如何用同理的角度看待每個專案，甚至從每一次修改建議中都吸取教訓。半年後，她成功主導了第一個大型專案，贏得客戶與主管的高度評價。

她後來常說：「我最感謝的是我學會了放下自我，那是我打開專業之門的鑰匙。」

我們常以為知識可以讓人強大，卻忘了「謙遜」才是真正讓我們進步的起點。每個人都有盲點，每個領域也有無盡的深度，而真正厲害的人，往往就是懂得向身邊的人學習，不怕低頭、不怕請教。

虛心學習，讓人看見自己更多的可能性

曾在咖啡店工作的阿岳，有次被調去負責店內的新品行銷。他從未接觸過這領域，一開始總是手忙腳亂。後來，他偷偷觀察另一間分店的老店長，發現對方不僅懂得包裝產品，更懂得怎麼觀察客人點單的習慣、如何搭配優惠讓銷量上升。

阿岳開始默默記錄每位客人的偏好，試著仿效店長的對話方式與銷售邏輯。他不僅提升了自己門市的業績，也被總公司挑去參與新品企劃。這讓他深刻明白，不是只有站在舞臺上的人值得學習，有時默默在旁的人，反而藏有無限的寶藏。

觀察他人，是向前邁進的智慧

在我們的生活中，不論是職場或私領域，總會遇到比我們更細心、更沉穩或更果斷的人。如果我們能放下比較心、戒掉自滿，多一點觀察與請益，我們會驚訝於原來「學習」就近在眼前。

更進一步地，懂得從對手那裡學習，也是一種高層次的謙虛。一位跑馬拉松的選手曾說：「我從來不是為了打敗對手而比賽，而是為了看見我還能跑多遠。」

你的對手，其實正在替你照出成長的缺口。你可以在輸的時候學習，在輸之後反省，在輸完之後突破。正是這種不斷觀察與自省的歷程，讓你愈來愈靠近卓越。

第十章　學習不輟：用知識翻轉人生

謙虛並不等於否定自己，而是承認這個世界比自己更大、更深、更廣。向人學習，是一種讓自己不斷升級的選擇。每一個比你強的人，都是你的學習機會；每一次謙卑低頭，都是一場成長的修行。願我們都能成為一個擁有學習熱情、擁抱他人長處的人，把謙遜變成一種習慣，把進步當成一種生活方式。

隨時學習，才不會錯過成長的列車

佳霖的第一份工作待在一家冷門產業的小公司，負責產品包裝與型錄設計。她一開始很不服氣，總覺得這種公司沒前景、設計風格也老派。她甚至私下和朋友抱怨：「這裡一點都不像我想像的創意產業，做這些東西能學到什麼？」

但有一天，她看見同事建翔在午休時間，拿出一本與產品行銷相關的書靜靜閱讀，不時還在筆記本上記下什麼。她好奇地問：「這些公司又不注重行銷，你幹嘛還要學這些？」建翔卻笑著回答：「你以為公司現在不用，是不是代表你未來也用不到？我學是為了我自己，不是為這間公司。」

這句話像是一記當頭棒喝。佳霖開始重新看待手邊的工作，她主動向主管提議用不同視覺風格設計目錄，並參與包裝材質的研發過程。後來，她用在這家公司所累積的經驗與作品集，成功跳槽到一家設計師品牌，擔任視覺主導職位。

機會往往藏在你認為「無趣」或「不重要」的角落。許多人在面對自己不喜歡的工作時，不是努力從中學習，而是急著想逃。事實上，職場就像一所不斷運行的學校，不主動吸收知識的人，只能原地踏步。

當觀察與行動結合，學習自然發生

資深攝影師林青多年來專拍商業廣告，後來轉任學校講師。一次教學中，一位學生問他：「老師，如果未來想拍紀錄片，要從哪裡開始準備？」林青沒有直接回答，而是請學生們回家觀察自己周遭一件「日常卻容易被忽略」的事情，並用手機拍成三分鐘短片。

其中一位同學拍的是住家巷口每天晨間收廚餘的清潔人員。他不只拍攝畫面，更記錄下與清潔人員的對話，進一步了解他們的作息與心情。這支影片在校內播放後，引起不少共鳴，也讓該同學獲得校外影展入選資格。

林青說：「學習不是在等待老師指令才開始，而是在你願意主動觀察與行動時，自然就會發生。」他的教法有效激發學生主動學習的熱情。

許多人總在問：「我該學什麼？」卻不曾問過：「我能從身邊的經驗學到什麼？」學習其實無所不在，關鍵在於你是否願意低頭觀察，並把所見所思轉化為行動。

第十章　學習不輟：用知識翻轉人生

學習最重要的能力不是記憶力，而是覺察力。唯有對生活保持敏感與好奇，才能讓知識內化為力量，逐漸發展出屬於自己的深度。

面對未來，學習是最穩定的投資

很多人總以為人生的成功仰賴一場「機運」，但真正讓人成長的從來不是一兩次幸運，而是你是否在平凡的時刻，抓住了學習的機會。

無論是站在店面的櫃檯，坐在辦公室的座位間，或是走在街頭發想創意，只要你願意打開耳朵與眼睛，世界永遠不吝嗇給你教室。

沒有什麼學習是浪費，只有錯過的學習機會最可惜。願你我都能在生活中持續挖掘知識的泉源，把每一段旅程當成學習的起點，讓成長成為一種不自覺的習慣。這樣的你，未來一定會比現在更踏實、更自在。

成功的軌跡從學習開始鋪陳

洪俊凱在大學時成績普通，畢業後做過便利商店店員、餐廳內場，也擔任過派遣工，一度對未來感到茫然。某天他無意間聽到一場線上講座，主題是「零基礎也能轉職科技業」。原本

只是好奇點進去聽聽，沒想到從此翻轉他的人生。

俊凱開始利用下班時間自學程式語言，剛開始看書看不懂，他就找免費的教學影片，每天學一點、練一點，寫程式到半夜成了習慣。他也開始寫部落格記錄學習歷程，與其他轉職者交流。半年後，他報名參加競賽，雖然沒得獎，卻獲得一家新創公司老闆的關注，從此進入科技業。

如今他不僅是團隊的技術核心，也成了公司內部的教學講師。他說：「我不是最聰明的，但我一直在學，當別人覺得差不多時，我還在精進。這是我最大的競爭力。」

成功不是天賦的產物，而是習慣與堅持的結果。在資訊爆炸的時代，學習是唯一能對抗淘汰的武器。懂得自學的人，擁有比文憑更長遠的能力。

書本是引路人，行動是實踐的橋梁

很多人會說：「我沒有時間學習。」但觀察身邊那些真正進步的人，會發現他們不是時間多，而是願意擠時間、利用時間。

小吃店老闆娘莊麗雲，早年為了養家，一個人包辦進貨、備料、煮菜、收銀，一天工作超過 12 小時。但她每晚還是堅持閱讀半小時管理與行銷的書籍，甚至自掏腰包上夜間進修課程。

後來她開始做品牌包裝，把平凡的小吃轉型成文青風便當店，不但打進百貨美食街，也與外送平臺合作，創造數倍營收。

第十章　學習不輟：用知識翻轉人生

她常說：「學問不是只有大學生才要學，做生意的人更要學。」她相信，學習能讓她把傳統手藝做出新氣象，也才能帶領孩子走出不同的人生。

許多時候，我們以為的「現實壓力」其實是「懶得改變」的藉口。書本與課程給我們的，不只是知識本身，而是一種讓腦袋持續前進的節奏。當你有了學習的習慣，你會發現原本遙不可及的能力與目標，其實一點一滴就在向你靠近。

學習是長期投資，也是逆境中的翻身本錢

在這個變化迅速的時代，任何人都可能因產業轉型或社會變局而失去原有立足點。唯有不斷學習，才能面對不確定的未來，擁有穩定的內在力量。真正讓人閃耀的，不是曾經的成就，而是當風向改變時，你依然有能力駕馭方向盤。

學習的關鍵不在於你是否擁有最好資源，而在於你是否有最穩定的態度。一個熱愛學習的人，即使起點低、路途彎曲，也終將走向光明。願我們都能在知識的累積中找到勇氣與能量，讓人生的舞臺隨著學習一次次升級，成就屬於自己的輝煌高峰。

習慣成就人生，學習從日常起步

人與人之間的差異，往往不在於天分，而在於習慣。一個人若能早早建立主動學習的習慣，就等於替自己的人生鋪下更寬闊的道路。清晨翻開一本書、通勤途中聽一段知識型節目、工作空檔閱讀一篇好文，這些都是為自我成長累積的養分。

許多人將時間花在滑手機、追劇或閒聊，回過神才發現整個晚上什麼也沒留下。而真正有智慧的人，懂得把看似瑣碎的時間切割出來學習新知，把好奇心轉化為行動力。他們或許不總是最快的那個，但往往能走得最遠。

你我都曾有過那種「時間不夠用」的感覺，但真正的問題其實是「學習不夠主動」。每當我們遇到一件新事物時，是選擇說「我不懂這個」還是說「我想了解看看」？這兩種反應，決定了一個人的未來樣貌。

打開視野，才能看見更多可能性

隨著科技快速更迭、社會結構不斷變動，若一個人對新知識毫無興趣、對新事物習慣排斥，很快就會與這個時代脫節。知識從來不會嫌多，觀念更新也從不是多餘。正是因為懂得持續學習，我們才能適應變化，甚至預見變化。

第十章 學習不輟：用知識翻轉人生

像是林小姐，原本是一名美容師，疫情期間生意大受影響。她沒有自怨自艾，而是趁著客人減少時，自學網路行銷與社群經營，還參加線上課程學習影片剪輯。短短半年，她把自己轉型為美妝 KOL，在社群上擁有不少追隨者，還接到不少合作邀約。

她說：「我從沒想過自己能懂剪影片、設計行銷方案，這些都是從一開始『學著做』開始的。」這段話說得簡單，但背後代表的是一種願意打破舊有模式、走進未知世界的勇氣。

每一次學習新知識，就是在向未來買一張入場券。而願意接納新觀念的人，往往也更容易跨出舒適圈，迎向更多機會。

學習，是持續前進的動力

知識不只是用來妝點履歷的勳章，更是陪伴我們解決問題、突破限制的工具。學習並不是年輕人的專利，也不是特定職業的專屬需求，而是每一個想讓人生更豐富的人都應該持續進行的功課。

不論你現在幾歲、身處哪個階段，只要願意學習，就永遠有翻轉人生的可能。學習讓我們了解更多元的觀點、建立更穩定的自信，也讓我們有能力與這個快速變動的世界同行，甚至領先一步。願我們都能培養出愛學習的習慣，並持之以恆，走出屬於自己的寬闊人生。

兼顧深度與廣度，打造知識的立體版圖

　　知識是改變命運的基石，但光有知識，還不代表你具備創造力。一如釣魚，不是有釣竿就能釣到魚，技術與理解才是關鍵。很多人看似聰明，懂得要工具，卻未必願意投入練習與思考，只停留在「知道」的層面，而非「會做」。

　　學習若只重視廣博而無所專精，就容易流於空泛；反之，若只執著於專業卻對其他領域一無所知，也會限制視野與思辨力。在這個強調跨域整合的時代，擁有一技之長固然重要，但懂得與其他知識連結，才是突破思考模式的關鍵。

　　想要走得遠，就不能只靠單一路線。真正有效的學習，是先在一個領域穩扎穩打，再主動拓展知識邊界。讓知識從點變成線、再擴成面，你就有能力看見更大的全貌。

學習不是單選題，而是一種延伸能力的選擇

　　十歲那年，文甯開始學習書法。父親要求她每天練滿三頁，哪怕是過年，也不能間斷。當時的她難以理解這樣的堅持有什麼意義，甚至常偷偷掉眼淚。但日子久了，她開始習慣墨香與筆劃的節奏，心也靜了下來。

　　到了高中，她的興趣轉向自然科學，尤其對生物學著迷。當她遲疑著是否該「放棄書法」，父親卻說：「妳可以改變方向，

第十章　學習不輟：用知識翻轉人生

但那份靜下來的能力，會跟著妳一輩子。」

多年後，文甯成為跨領域研究者，研究生理與心理互動模式。她發現自己能快速整合跨科知識、精準建模，正是源自兒時的書法訓練。那些練筆時培養的耐心與節奏感，變成她解題時的穩定力量。

現代社會早已不再以「單一專業」作為成功保證。藝術結合AI、醫學融合設計、工程引進哲學視角，各種領域正在交會中孕育新價值。此時，只有專精不夠，你還得懂得跨越、理解、連結與轉化。

廣博不是雜亂，而是學習彈性；專注不是狹隘，而是思維定錨。一個能在多元知識中看見交集、又不失深度的人，往往最具突破力。

學習的真正價值，不只是增加「知道的東西」，而是擁有一種在混沌中清晰思考的能力。當你既能深入探究，又保有好奇與延伸的空間，你的人生路就能走得更遠、更穩。

讓知識變成你生命的設計工具

真正有力的學習，不是懂得很多，而是能在需要時做出準確的選擇。當我們既能深耕專業，又敢跨出邊界，不但能應對當下，更有能力預見未來。在資訊爆炸的時代，那些能兼顧「聚

焦」與「延展」的人，才真正擁有穿越變局的力量。從今天起，養成專注，擴展視野，讓知識成為你最強大的內在設計。

一輩子的學習力，決定你能走多遠

在這個資訊爆炸、更新迅速的時代，唯一能跟上腳步的關鍵就是學習力。不論你是剛出社會的新鮮人，還是已有多年資歷的專業人士，若沒有持續學習的意願，很容易就被環境淘汰。

許多人的問題，不在於沒有時間學習，而在於沒有「學習的習慣」。就像廖惠，從大學畢業後，進入了設計公司擔任平面設計師，有一次，客戶要求加入動態影像設計，整個團隊都束手無策。但她平時在下班後自學影片剪輯與動畫技術，成功為公司拿下這筆重要的行銷專案。她說：「我發現，當大家都還在觀望時，我已經先學會了。」

從那之後，她養成每週固定進修新技能的習慣，成為公司最不可或缺的核心設計師之一。

學習不是一種階段性的任務，而是一種持續不斷的生活態度。越早培養這樣的習慣，就越能在關鍵時刻發揮優勢。

第十章　學習不輟：用知識翻轉人生

不為現在，更為未來而學

真正重要的學習，是為了面對未來的挑戰與未知。如果你今天只會依賴過去的經驗與既有的知識，很快就會發現那些技能開始過時。唯有持續學習，才能讓自己有選擇的權利，而不是被動地適應變化。

像是人資經理吳先生，在疫情期間發現線上招募與遠端管理將成為主流。他立刻報名遠距團隊領導與數位工具應用的課程，還主動請調去協助公司轉型數位流程。當其他部門還在適應變化時，他已經站穩了下一個階段的主導位置。

他說：「不是我比較聰明，而是我選擇提早學習。當未來來臨時，我已經準備好了。」這種「預習未來」的思考模式，是所有持續學習者的共通特徵。

當我們把學習當成投資，就會開始重視每天一點一滴的累積，不再只是為了解決眼前問題，而是為了不讓自己在關鍵時刻被困住。

把學習當成一種生活方式

終身學習不是為了某個考試，也不只是為了升遷，而是為了讓自己活得更有選擇、更有籌碼。當你將學習內化成生活的一部分，就會發現自己越來越不容易被困住，也更容易看見新的可能性。

這個世界給予每個人相同的時間，但不同的是，你如何使用它。學習是你與時代對話的能力，更是你和未來交手的武器。願我們都能養成終身學習的習慣，讓知識成為你一生最可靠的後盾。

國家圖書館出版品預行編目資料

習慣決定命運！重複無效行為，注定停滯不前：一直卡關不是巧合！戒掉十種讓人生停滯的習慣，擺脫自我拖累 / 林與生 著 . -- 第一版 . -- 臺北市：財經錢線文化事業有限公司, 2025.05
面；　公分
POD 版
ISBN 978-626-408-272-3(平裝)
1.CST: 習慣 2.CST: 生活指導 3.CST: 成功法
176.74　　　　　　114005717

電子書購買

爽讀 APP

習慣決定命運！重複無效行為，注定停滯不前：一直卡關不是巧合！戒掉十種讓人生停滯的習慣，擺脫自我拖累

臉書

作　　者：林與生
發 行 人：黃振庭
出 版 者：財經錢線文化事業有限公司
發 行 者：崧燁文化事業有限公司
E - m a i l：sonbookservice@gmail.com
粉 絲 頁：https://www.facebook.com/sonbookss/
網　　址：https://sonbook.net/
地　　址：台北市中正區重慶南路一段 61 號 8 樓
8F., No.61, Sec. 1, Chongqing S. Rd., Zhongzheng Dist., Taipei City 100, Taiwan
電　　話：(02) 2370-3310　　傳　　真：(02) 2388-1990
印　　刷：京峯數位服務有限公司
律師顧問：廣華律師事務所 張珮琦律師

-版權聲明-

本書作者使用 AI 協作，若有其他相關權利及授權需求請與本公司聯繫。
未經書面許可，不可複製、發行。

定　　價：299 元
發行日期：2025 年 05 月第一版
◎本書以 POD 印製